OBSERVATIONS

SUR

LES DÉPENSES

ET

LES RECETTES

A VENIR

DE LA FRANCE,

ET SUR

LES FINANCES.

DE L'IMPRIMERIE DE NICOLAS—VAUCLUSE, RUE DE
GRENELLE—SAINT—HONORÉ, N° 59.

OBSERVATIONS

SUR

LES DÉPENSES

ET

LES RECETTES

A VENIR

DE LA FRANCE,

ET SUR

LES FINANCES.

Par M. SABATIER,

ANCIEN ADMINISTRATEUR DU DÉPARTEMENT DE LA SEINE, ET ANCIEN PRÉFET DE CELUI DE LA NIÈVRE.

« Ce n'est point à ce que le peuple peut donner qu'il faut
» mesurer les revenus publics, mais à ce qu'il doit
» donner ; et si on les mesure à ce qu'il peut donner, il
» faut que ce soit du moins à ce qu'il peut toujours
» donner. » (MONTESQUIEU, *Esprit des Lois.*)

PARIS,

Chez **BACOT**, Libraire, Galerie de bois, n° 252, côté du Jardin, au Palais-Royal.

AVERTISSEMENT DE L'AUTEUR.

En donnant mon opinion sur les finances de la France, je n'ai pas précisément entendu faire un ouvrage sur une matière aussi importante , et qu'il est même si difficile de traiter , à la satisfaction de toutes les classes de lecteurs , et d'une manière conforme aux intérêts particuliers et divers des membres qui composent une grande société.

Je n'ai dû m'arrêter à aucune considération particulière. Je n'ai pu voir que la prospérité à-venir de la France , qui doit être le résultat des événemens mémorables qui viennent de se succéder. En me livrant à la rédaction de ce travail , je n'ai eu d'autre intention que de soumettre à la sagesse du Gouvernement, des observations utiles sur chaque nature de dépense , ainsi que sur les moyens de faire des recouvremens pour les acquitter, sans accabler les peuples et en les soulageant, au contraire, du poids d'une partie des charges publiques.

J'ai désiré enfin rassurer les esprits pusillanimes, qui, ne s'étant jamais attachés à méditer sur nos ressources, élèvent des doutes sur les moyens d'acquitter nos dépenses à-venir, et font naître des craintes, si mal fondées, sur les diverses créances dont l'Etat est débiteur, quoique, cependant, elles reposent sur la moralité et le véritable intérêt du Gouvernement, ainsi que sur la charte constitutionnelle.

Les bases des calculs énoncés dans cet Ecrit sont prises des comptes rendus avant 1789 et du dernier compte rendu en 1813. *Ces deux* données sont positives ; elles m'ont servi à obtenir des résultats satisfaisans pour les administrés et pour le Gouvernement que le vœu général des Français vient de rétablir , Gouvernement que nous avons toujours vu pénétré du principe « qu'il n'y a rien que la sagesse et la prudence doivent plus régler, que cette portion qu'on ôte et cette portion qu'on laisse aux sujets , et qui ne desire faire prélever d'autres impôts *que ceux qu'on peut toujours lui donner*. » (MONTESQUIEU , *Esprit des lois.*)

Des questions aussi importantes que celles que je me hazarde à traiter, exigeroient, sans doute, de bien plus grands développemens que ceux contenus dans cet écrit. Mais ils m'auroient entraîné trop loin , dans un moment où je crois devoir me borner à fixer l'attention sur nos dépenses et sur nos ressources à-venir, en les comparant à celles qui ont eu lieu pendant les dernières années ; j'ai aussi préféré annoncer des mémoires particuliers et relatifs à chacun des articles en dépense et en recette , qui sont susceptibles de bien plus grands détails , ainsi que sur leurs avantages et leurs inconvéniens , et sur les moyens de les améliorer. J'ai administré , j'ai vu par moi même , je crois pouvoir me flatter d'avoir rendu des services , et d'avoir obtenu quelques succès, en provoquant des mesures nouvelles , tant en administration qu'en finances , et qui n'avoient jamais existé , mesures dont l'utilité a été tellement reconnue que j'ai eu la satisfaction de les voir généraliser ; ainsi donc tout ce que je dirai est le résultat de l'expérience toujours préférable à de simples théories.

Je ne propose pas un nouveau système de contributions ; à l'exception des améliorations à faire éprouver aux taxes actuellement existantes, je crois qu'il faut se garantir, en général, de toute innovation qu'on pourroit présenter à cet égard, qui, quoique très-louable par la pureté des intentions, peut devenir très-préjudiciable par les résultats.

Les trop funestes effets du renversement de nos anciens impôts, dont le temps, si je puis m'exprimer ainsi, avoit consacré la forme et l'utilité, doivent nous servir de leçon : nous devons nous rappeler, que sans s'être livré à la moindre discussion, on remplaça trop subitement les taxes auxquelles nous étions habitués, par une nouvelle théorie, très-séduisante en apparence, mais dont l'exécution, ainsi que nous en avons fait la fâcheuse expérience, étoit si impraticable, qu'il a fallu en revenir à l'ancien système et d'une manière bien plus onéreuse encore pour le peuple : c'est ce qu'il m'a été facile de démontrer jusqu'à la dernière évidence, puisque, ainsi qu'on le verra, je n'ai eu besoin que de faire le rapprochement des nouvelles taxes avec les anciennes; taxes, qui même donnoient lieu à des réclamations, dont Louis XVI reconnaissoit tellement la justice, qu'il desiroit qu'on lui donnât les moyens de les adoucir (1); taxes nouvelles, au contraire, que nous avons vu élever au dernier point d'extension que l'esprit fiscal puisse inventer : taxes portées à de tels excès, qu'elles mettoient les plus grandes entraves à tous les genres de réproduction, tant en agriculture qu'en industrie, et commerce,

---

(1) « Le plus beau jour de ma vie », entendoit-on dire souvent A CE MONARQUE, lorsqu'on lui parloit de certaines taxes, « le plus beau jour de ma vie sera celui où je pourrai détruire un impôt aussi désastreux. » (L'impôt sur le sel.) (CORMERÉ.)

iv

et par conséquent à tous les moyens possibles de les acquitter.

Les contributions actuellement existantes consistent en impôts *directs* et en impôts *indirects*. Cette division est aussi bonne qu'on puisse la désirer, puisqu'elle s'allie avec nos produits territoriaux, et avec les diverses jouissances que nous aimons à nous donner Sous ce point de vue, une partie du payement de l'impôt indirect doit être considéré comme volontaire. Ce genre d'impôt réunit encore l'avantage de pouvoir être augmenté, d'après les besoins publics, au moment où ils se font sentir, sans faire éprouver le moindre inconvénient, et de les diminuer lorsque les circonstances le permettent.

Malgré les avantages de ces sortes de revenus publics, il ne faut pas pour cela que ces taxes soient excessives et sur-tout qu'elles portent, outre mesure sur les objets de première nécessité : car alors elles imposent des privations réelles à la classe laborieuse qui consomme le plus ; tandis qu'étant très-divisées, ces taxes produisent beaucoup, et que les denrées restent ainsi à un prix qui est à la portée de toutes les classes de consommateurs. Un habile publiciste a dit « que les impôts sur des objets de consommation, tels que les articles de luxe, sont tous payés finalement par le consommateur, *et généralement de la manière qui lui convient ; il les paye peu à peu*, à mesure qu'il a besoin d'acheter ces objets de luxe. Comme il est libre de les acheter ou de les laisser, c'est bien sa faute, s'il est jamais fort incommodé par ces sortes d'impôts. » Smith.)

Mais il n'en est pas de même de la contribution foncière, à laquelle on ne peut jamais porter la moindre atteinte, *sans causer en même temps le plus grand préjudice à la propriété et aux progrès de l'agriculture.*

Il faut considérer toute augmentation de l'impôt foncier *comme une espèce d'expropriation forcée* que fait l'Etat d'une partie de la propriété. Si je suppose une augmentation d'impôt de 3oo fr. sur une propriété foncière, on aura nécessairement, si on veut la transporter, une réduction à éprouver sur le principal, d'une somme au moins de 6ooo f. ; qu'on étende cette supposition sur toute la superficie du territoire, on verra une dépréciation immense occasionnée par une chétive somme que le fisc se sera procurée, et qu'il lui eût été plus facile et plus avantageux d'obtenir d'une toute autre manière ; et dès lors l'Etat éprouvera subitement une réduction dans la perception du droit d'enregistrement et d'hypothèque, qui diminuera beaucoup la ressource obtenue, en aggravant et en détruisant même la valeur des propriétés.

L'augmentation de la contribution foncière a toujours été une fausse opération à laquelle nos anciens Ministres des finances ont par malheur toujours eu recours ; il convient donc de nous en mettre à l'abri. Pour cela, il suffit d'adopter une grande mesure qui, par les avantages inappréciables dont elle sera l'utile et heureuse conséquence, est préférable à tous les moyens dont, en France, on a fait usage jusqu'à présent ; j'en donnerai l'apperçu à l'article de ce travail concernant la contribution foncière.

Après avoir mûrement réfléchi sur les charges publiques, je pense qu'il convient de maintenir le système établi dans ce moment : il faut se borner à des améliorations qui, d'après les leçons du tems et de l'expérience, sont applicables à nos dépenses et à nos recettes ; on n'a pas besoin de trop fortes taxes pour se procurer tout ce qu'exigent la majesté du trône, la solde des armées, le traitement des fonctionnaires ainsi que pour toutes les autres dépenses, dans le nombre desquelles il en est toujours qui annoncent la prospérité d'un Etat, attestent la magnificence publique et illustrent autant la nation que le Gouvernement (1).

Les améliorations dont la perception de nos impôts est susceptible, ne pourront enfin avoir d'autre résultat que celui d'adoucir les charges publiques pour les rendre les plus supportables possibles, et de manière même à favoriser tellement tous les genres de reproduction, que chaque citoyen ne voye dans son empressement à payer l'impôt, « qu'une portion qu'il donne de son bien pour avoir

---

(1) En voyant les réparations faites ces dernières années à nos anciens monumens, ainsi que leur continuation, on disoit souvent qu'elles avoient été trop retardées par l'ancienne dynastie. Mais tout ce que nous avons vu s'exécuter étoit projeté depuis longtems, et si on ne se livroit pas à ces sortes de travaux, ce n'est pas qu'on n'en reconnût toute l'utilité. Des besoins plus pressans, la répugnance qu'avoit le Gouvernement à augmenter les charges publiques, *sa fidélité à remplir ses engagemens*, qui devoient passer avant tout, étoient des motifs puissans qui faisoient différer l'exécution de ces projets. Aujourd'hui que les dépenses publiques seront très-diminuées, que les impôts seront modérés, « que les dépenses de la guerre ne seront plus liées à tant de malheurs ; qu'elles n'affecteront plus d'une manière si grande tous les rapports sociaux ; qu'elles ne seront plus d'une étendue si immense ; que rien ne disparoîtra, véritablement, sans que la consommation ne reproduise en même tems » ; que toutes les Puissances feront jouir les peuples des avantages d'une Paix solide et durable ; qu'elles réduiront leur armée à la seule quantité de troupes qu'exige une saine politique, « et qui, dans aucune circonstance, ne devroit s'élever à plus de la centième partie de la population, sans entraîner la ruine totale d'un Etat ; » aujourd'hui enfin que tout va rentrer dans l'ordre désiré depuis tant d'années, nul doute que les travaux commencés ne soient continués annuellement, jusqu'à ce qu'ils soient entièrement achevés.

la sûreté de l'autre, ou pour en jouir agréablement. » (Montesquieu , *Esprit des Lois.*)

Mais quels moyens convient-il d'adopter pour prélever l'impôt ? Faut il rétablir les compagnies financières , ou est - il préférable d'user de tout autre moyen ? Le mode à adopter pour cet objet, fixe d'une manière particulière l'attention de beaucoup de personnes ; je dois hasarder encore mon opinion sur une question d'une si haute importance, et je l'appuierai du sentiment des publicistes qui ont éclairé cette discussion.

Il ne suffit pas de proposer aux Gouvernemens les moyens qu'ils peuvent employer pour faire prélever des impôts sur les peuples, il faut encore présenter à leur sagesse les mesures qu'il convient d'adopter pour en faciliter le paiement par la multiplication et la circulation rapide des capitaux qui, en remplissant l'objet de leurs désirs et de leurs plus chères affections, répandront l'aisance générale.

Qu'on ne pense pas que par ces mots, *augmentation de la circulation des capitaux*, j'entende parler de la création d'un signe émis par l'Etat : on ne connoît que trop l'abus qu'on en a fait à trois époques (1). Les assignats auroient été en effet fort utiles, si on les eût restreints à la seule quantité nécessaire aux progrès de l'agriculture , à la perfection de l'industrie et à l'agrandissement du commerce , et surtout si on eût conservé à ce signe la garantie sur laquelle il reposoit dans son origine.

Ce n'est pas de ces sortes de mesures que j'entends parler, je propose des établissemens qu'il seroit facile de former sans qu'il en coûtât rien au

---

(1) Le papier du système de Law, les assignats , les mandats.

Gouvernement, et sur lesquels il lui suffiroit de porter une attention toute paternelle; établissemens dont les utiles effets tendroient à calmer sa sollicitude par la baisse subite de l'intérêt, sans laquelle il ne peut y avoir ni commerce, ni agriculture, ni industrie.

Je terminerai ce travail par des *Tableaux comparatifs* des dépenses publiques des années dernières, et des impôts qu'on avoit créés pour les acquitter, avec nos recettes et nos dépenses à venir; cette satisfaisante comparaison sera portée jusqu'à l'évidence.

Je serois heureux, si des vues dictées par les plus purs sentimens étoient approuvées du Gouvernement et des bons esprits; du moins suis je assuré qu'on ne sauroit se méprendre sur la sincérité des motifs qui me les ont inspirées.

NOTA. Ce travail n'a été commencé que quelques jours après l'arrivée de MONSIEUR, LIEUTENANT-GÉNÉRAL DU ROYAUME, et lorsque beaucoup trop de personnes élevoient des doutes mal fondés sur la solvabilité de l'Etat.

OBSERVATIONS

SUR

LES DÉPENSES

ET

LES RECETTES

À VENIR

DE LA FRANCE

ET SUR

LES FINANCES.

~~~~~~~~~~~~~~~

Opinion sur les craintes mal fondées que témoignent quelques personnes relativement aux différentes créances de l'Etat.

On paroît concevoir des craintes sur la situation financière, actuelle et future de la France ; beaucoup trop de personnes d'un esprit pusillanime, qui n'ont, d'ailleurs, aucune idée de nos ressources, sont persuadées qu'il y aura tant de difficultés à surmonter pour se procurer les sommes nécessaires
~~~~~~~~~~~~~~~

aux dépenses publiques, qu'on sera dans la pénible nécessité de faire supporter de nouvelles réductions aux créanciers de l'Etat ; elles pensent encore qu'en imitant cet acte arbitraire que nous savons avoir été conseillé par la mauvaise foi la plus perfide, nous nous liquiderons de tout l'arriéré jusqu'au 1er avril dernier, de la même manière que l'a fait le gouvernement qui vient d'être renversé, pour la très-majeure partie des dettes arriérées des gouvernemens qui l'avoient précédé, et même pour une partie des siennes (1).

Si j'eus le courage de me faire entendre lors de la banqueroute faite du temps du Directoire ; si je fus le seul Français qui osât dire la vérité dans cette circonstance si déshonorante pour la France et si nuisible au crédit public et particulier ; si, lorsqu'on étoit au moment de proposer encore la banqueroute du tiers consolidé, on me vit écrire avec la plus grande force ; si je puis me flatter d'avoir contribué à sauver à mon pays la honte de voir commettre ce nouvel acte d'iniquité ; si, lors du dernier emprunt forcé, proposé par ce qu'on nommoit *la Commission du Conseil des cinq-cents*, et fortement désaprouvé même par le Directoire, je ne craignis pas d'émettre publiquement ma façon de penser contre l'adoption

---

(1) Cet acte ruina beaucoup de familles, et réduisit au plus affreux désespoir des hommes estimables et utiles qui auroient pu rendre des services essentiels. La somme due, notamment, au trop malheureux Lefebvre pour des réparations importantes faites aux canaux et qui avoient été une condition expresse de son bail, et qu'on annulla lorsqu'elles furent faites, donna lieu à une scène d'abord scandaleuse et ensuite affligeante. Tous ceux qui ont connu Lefebvre et la justice de ses réclamations, ont gémi sur la fin déplorable de cet homme estimable et éclairé. . . .

d'une ressource aussi mal combinée, aussi désastreuse pour l'agriculture, l'industrie, le commerce et généralement pour toutes les classes de citoyens ; si j'ai tenu cette conduite dans des tems où il étoit si dangereux de professer de tels principes, que ne suis-je pas fondé à dire lors de la renaissance de tous nos droits, et du retour de la liberté sage et raisonnée de nos opinions ?

Assurance que donne Monsieur, *et qui doit prévenir toutes craintes sur la dette publique et généralement sur ce qui s'est passé depuis 25 ans.*

Que n'ai-je pas le droit de dire, lorsque le Roi de France et les membres de son auguste famille nous témoignent à chaque instant le sincère désir de voir les produits des idées vraiment libérales remplacer les événemens fâcheux qui se sont succédés pendant 25 années consécutives, et auxquels la France seule pouvoit résister (1) ?

Réunissons-nous tous dans un même faisceau ; ne voyons que le bien à opérer pour réparer des malheurs qui, dans un pays tel que la France, ne sont que passagers. En tenant cette conduite, nous remplirons les intentions que nous voyons manifester, de la part du Roi, par Monsieur, avec une franchise vraiment française, et nous serions très-coupables si nous élevions le moindre doute sur la sincérité de tels sentimens.

Rassurons-nous donc : de fausses et nuisibles mesures ne sauroient même entrer dans la pensée du Gouvernement dont nous attendons la réparation de tous nos maux ; ses principes et sa loyauté suffi-

---

(1) Voyez la Note mise à la fin de cet écrit. (*a*)

sent pour servir de garantie aux divers créanciers de l'Etat ; et peu importe la nature de la dette, qu'elle soit perpétuelle, ou viagère, ou qu'elle consiste dans le paiement des dépenses qui ne sont pas soldées : tout sera acquitté.

Essayons de démontrer combien ces craintes seroient mal fondées, alors même que la dette publique ne se trouveroit pas assurée par la moralité du Gouvernement et par la charte constitutionnelle.

J'établirai d'abord, par apperçu, quelles doivent être nos dépenses à venir, et je les porterai à des sommes plus fortes qu'elles ne devront s'élever.

Je parlerai ensuite des moyens de recette, que je rabaisserai même au-dessous des produits que nous avons droit d'en espérer ; et je prouverai la facilité d'en faire la perception, non-seulement sans surcharger le peuple, mais encore en le soulageant d'une partie de l'impôt. Mes calculs en recettes et en dépenses seront basés sur les comptes rendus avant la révolution et sur ceux de l'année dernière.

Je résumerai le tout par des tableaux ; et je démontrerai la grande diminution que nous éprouverons sur les dépenses, comparées à celles des années antérieures, et dont le souvenir, *ainsi que celui de tout ce qui s'est généralement passé, doit à jamais s'effacer de notre pensée.*

DÉPENSES.

INTÉRÊT DE LA DETTE PUBLIQUE,

Et fonds d'amortissement devant former à l'avenir, d'après mon opinion, une partie essentielle de la dépense de l'Etat, et que j'ajoute ainsi aux dépenses publiques.

Dettes perpétuelles concernant la France, y compris

1. Millions de nouvelle constitution, ci...	63,300,000	} 79,300,000
2. Viager.	16,000,000	
3. Somme qu'il convient de destiner annuellement à l'amortissement de la dette perpétuelle.		12,000,000
4. Pensions civiles et militaires concernant la France, ci	13,000,000	} 44,000,000
5. Pensions ecclésiastiques.	31,000,000	

155,300,000

Dans cette somme n'est pas comprise la dette de la Hollande, qui, d'après le dernier compte rendu, consiste, savoir :

Dette perpétuelle.	26,000,000
Viagère.	1,000,000

27,000,0000

Je n'ai pas dû faire emploi de cette somme dans l'énumération de notre dette publique, parce que la Hollande, rendue à son indépendance, est séparée de notre territoire, et qu'il paroît juste qu'elle soit chargée, à l'avenir et chez elle, d'acquitter les arrérages de sa dette, qui ne peuvent plus être à la charge de la France.

OBSERVATION.

Respect qu'il faut avoir pour la dette publique; utilité de son amortissement, et annonce d'un travail étendu sur cette importante matière d'économie publique.

La dette publique devant toujours être considérée comme la dépense privilégiée d'un Etat, je la porte en première ligne. Il y a long-temps que j'ai exposé ce principe ; aussi, depuis cette époque, ai-je eu la satisfaction de voir placer le paiement des arrérages à la tête des comptes rendus.

J'ai aussi mis en ligne de compte une dépense de 12 millions, pour l'amortissement annuel de la dette perpétuelle appartenant à des particuliers, et dont les arrérages s'élèvent à. . . . 38,000,000 environ.

Les. . . . . 25,000,000 environ

____

63,000,000

formant le surplus de la dette, sont inaliénables, comme appartenant à diverses corporations, et dont par la succession des temps, l'Etat se libèrera. Dans cette quotité sont compris des hôpitaux ou des communes ; il suffira d'acquitter les arrérages de ces derniers articles qui ne peuvent pas participer aux avantages de l'amortissement.

Je suis persuadé que, quelque modique que soit une dette publique, il faut qu'il existe un fonds d'amortissement *réel et non fictif*. Cette mesure, que j'ai si souvent provoquée, et qui, même avant 1789, étoit dans la pensée de S. A. S. Mgr. le Prince de Bénévent, cette mesure, ainsi que les moyens secondaires à mettre en usage, mieux combinés qu'ils ne l'ont été jusqu'à présent, contribueroient à maintenir le capital de la dette publique de la France au taux respectable qui seul peut convenir à une grande Nation.

Ce seroit faire une économie très-mal entendue que de ne pas compléter chaque année, jusqu'à concurrence de 12 millions, la somme que reçoit annuellement la caisse d'amortissement, comme propriétaire d'arrérages ; objet que je porte comme recette effective, et qui, d'après mon systême, seroit employée à l'avenir à une partie de l'extinction définitive du principal.

Cette mesure, les moyens de l'opérer d'une manière utile au crédit, sans s'embarrasser de l'opinion qu'établit le jeu de la bourse, cette mesure, dis-je, ainsi que les avantages qui en seront le résultat, ne peuvent pas être présentés dans ces observations aussi brièvement que je le désirerois ; j'ai fait à cet égard un travail très-détaillé, que je remettrai si le Gouvernement le désire.

LISTE CIVILE.

Maison du Roi et de la famille royale, ci. . . . . 35,700,000 f.

Cette somme est la même que celle qu'avoient fixée les anciens Rois de France, en y comprenant la dépense de la maison de la Reine, de M. le Dauphin, de Madame Elisabeth et de Mesdames, et des maisons des Enfans de France.

J'observerai qu'à cette époque tous les revenus des

domaines du Roi étoient confondus dans les recettes publiques ; il n'en étoit pas ainsi lors du gouvernement qui vient d'être renversé.

Je n'ai rien diminué de cette fixation, quoiqu'il n'y ait pas de dépenses à faire pour la maison de la Reine, etc., parce que ces sommes compenseront le surplus des avantages qui étoient attribués aux Princes, notamment pour leurs apanages, qu'il seroit impossible de leur rendre, dans toute leur intégrité, à cause des droits qui y étoient attachés, et qui sont supprimés.

Domaines à ajouter à la liste civile, et dont il convient de donner la libre jouissance au Roi.

Il conviendra d'accorder de plus, au Roi, la jouissance *exclusive* des propriétés domaniales de Versailles, Rambouillet, Fontainebleau, Compiègne, Saint-Cloud, Meudon, Saint-Germain, Vincennes et Boulogne. Malgré cet abandon que la Nation française doit faire, parce que nos Princes auront beaucoup de charges particulières à acquitter, malgré cet abandon, le sacrifice sera bien moins considérable que celui qu'on nous a fait faire, pour les domaines ordinaires et extraordinaires que nous avons vu attribuer, ces dernières années, au gouvernement qui n'existe plus.

Si l'on veut entrer dans les détails, et comparer les dépenses concernant la Famille royale avant la révolution, avec la somme que nous voyons énoncée comme montant de la liste civile dans le compte rendu de 1813, page 57, nous verrons que le Roi avoit beaucoup plus de charges, et que par conséquent les 28,300,000 f. attribués au dernier gouvernement, étoient plus considérables que les 35,700,000 f. que je rappelle.

Quinze Princes ou Princesses composoient la famille de Louis XVI, et outre cela, nos Rois faisoient beaucoup d'aumônes et distribuoient des bienfaits qui le plus souvent étoient ignorés.

Il n'y avoit que cinq membres de la famille du dernier gouvernant auquel les 28,300,000 f. étoient attribués; les autres avoient dans l'étranger des dotations considérables, qui faisoient qu'ils n'avoient pas besoin de participer à cette somme.

Ce gouvernement avoit de plus le domaine ordinaire et extraordinaire, dont la jouissance exclusive lui appartenoit, et dont les produits s'élevoient à des sommes beaucoup plus considérables que ceux que je désigne comme devant être ajoutés à la liste civile.

Il étoit aussi reconnu que ce gouvernement possédoit un trésor immense, provenant des contributions de l'étranger, et qu'il avoit de plus, la liste civile du royaume d'Italie.

MINISTÈRES.

JUSTICE.

Je vois la dépense de ce ministère portée, dans le dernier compte rendu des dépenses en 1813, pour une somme de. . . . . 29,000,000 f.

Au premier apperçu, il paroît assez difficile de dire à quelles sommes peuvent être restreintes les dépenses de ce ministère; mais en prenant pour base de mes calculs le montant de la contribution foncière, je verrai que la recette en provenant sera réduite au cinquième ou environ de son produit, à cause de la diminution du territoire français, et que, par conséquent, les dépenses devront éprouver une réduction proportionnelle.

D'après cette hypothèse, la dépense du ministère de la justice s'élèveroit à l'avenir à. .   25,200,000 f.

Projet qu'a eu le Gouvernement dans le temps du Consulat, de faire éprouver des économies à cette dépense.

J'ajouterai que, par la suite, ces dépenses pourront être diminuées considérablement. Cette économie avoit même été projettée au temps du Consulat. Le ministre de la justice adressa pour cet objet des lettres particulières et secrètes aux différens préfets de la France : on leur recommandoit d'adresser leur réponse personnellement au ministre, sans aucun intermédiaire. Je donnai franchement mon opinion : elle tendoit à remplir les vues d'économie que le ministre nous assuroit être dans la pensée du gouvernement.

RELATIONS EXTÉRIEURES.

Et économies sur les dépenses de ce ministère, d'après ce qu'il a coûté en 1813.

On voit figurer sur le dernier compte rendu la dépense de ce ministère, 1° comme fonds ordinaires, pour . . . . 8,500,000 f.
2° Comme fonds de   17,500,000 f.
réserve, pour. . . 9,000,000

Observation.

Cette dernière somme ne se trouve pas dans les anciens comptes rendus.

En établissant la dépense future de ce ministère

à la somme de. . . . . 8,500,000 f.,
nous lui attribuerons une somme égale à celle qui
avoit lieu avant la révolution. Il paroît qu'elle est
assez considérable pour que nos ambassadeurs et
nos envoyés soient traités de manière à pouvoir représenter dignement le Gouvernement français.

INTÉRIEUR.

*Annonce d'un travail étendu sur les économies
qu'on pourroit faire sur certaines parties, en
obtenant de meilleurs résultats.*

Les dépenses du ministère de l'intérieur s'élèvent,
d'après le dernier compte rendu, à. . 59,000,000 f.

Mais, comme les attributions du ministère du
commerce sont de nouveau réunies à ce ministère,
et que dès lors les frais seront beaucoup plus considérables, je dois me reporter aux anciens comptes
rendus, et j'y verrai que la dépense du ministère
de l'intérieur s'élevoit à. . . . . 60,000,000 f.

Si je fais pour les dépenses concernant ce ministère, le même calcul que pour celui concernant
le ministère de la justice, je trouverai une même
réduction de dépenses, et alors ce ministère auroit
besoin à l'avenir d'une somme de. . 48,200,000 f.

Observation.

Beaucoup de dépenses de ce ministère sont susceptibles de grandes économies, principalement
celles qui concernent les routes. Je puis assurer
que, par des mesures très-simples, on peut opérer
sur cette partie une grande réduction, en obtenant
même de bien meilleurs résultats. J'ai administré ;
j'ai vu par moi-même, et je démontrerai la vérité
de ce que j'avance, par un mémoire que j'ai fait

sur cette matière, *et dont les vues sont fondées sur l'expérience.*

FINANCES.

La dépense de ce ministère est énoncée, dans le dernier compte rendu, pour une somme de . . . . 21,000,000 f.

Cet article est susceptible de la même réduction; et je l'établis sur les mêmes motifs que ceux que j'ai déjà énoncés. La dépense de ce ministère s'élèvera donc pour l'avenir à. . . . . 16,800,000 f.

TRÉSORERIE.

On voit aussi figurer dans le même compte rendu, la dépense de ce ministère pour une somme de. . . . . 8,700,000 f.

Observation.

La trésorerie ne peut pas être comparée à ce qu'elle étoit lorsque la direction en étoit confiée aux gardes du trésor royal, parce qu'aujourd'hui on l'a surchargée d'une infinité d'objets dont elle ne s'occupoit pas autrefois, mesure préférable à l'ancien ordre de choses. Il faudroit connoître tous les détails d'une administration aussi vaste et aussi compliquée, pour pouvoir donner une opinion précise sur les réductions qu'on pourroit faire éprouver aux dépenses de ce ministère. En les portant à 1,700,000 f., à cause de la diminution du territoire de la France en 1813, c'est tout ce qu'on peut espérer. La dépense de la trésorerie peut donc à l'avenir être évaluée à . . . 7,000,000 f.

GUERRE.

Et économies que présente la dépense des deux ministères qui en étoient chargés.

Cet article de dépense est porté dans le dernier compte rendu,

SAVOIR :

Pour la guerre. . . 325,000,000
Pour l'administra-
tion de la guerre. . . 260,000,000 } 585,000,000 f.

Dans la situation heureuse où nous nous trouvons, cette énorme, accablante et désastreuse dépense, *qui à elle seule étoit aussi considérable que la totalité des dépenses publiques en 1788,* cette dépense, dis-je, peut être réduite à l'avenir d'une somme de 461,000,000 f., ce qui, *à l'époque où l'ordre sera définitivement établi,* bornera la dépense de ce ministère à· . . . . . 125,000,000 f.

OBSERVATION.

Et énoncé des sommes accordées avant la révolution aux militaires à titre de pensions, beaucoup plus considérables que celles que nous voyons rapportées dans le dernier compte rendu de 1813.

Cette somme est la même que celle qui étoit destinée avant la révolution à ce département, pour l'armée, sur le pied de paix. Elle est plus que suffisante pour acquitter annuellement toutes les dépenses de ce ministère, et ajouter même, si le monarque le désire, aux pensions actuellement existantes. Ce seul article étoit fixé dans les anciens comptes rendus avant la révolution, à

16,500,000 f., *ce qui prouvoit l'attention de l'ancien Gouvernement à récompenser les services rendus à l'Etat ;* récompenses beaucoup plus considérables que celles que nous voyons figurer dans les comptes rendus à l'article des pensions qui, tant civiles que militaires s'élèvent à 13,000,000 f. ces 16,500,000 f. faisoient partie de la somme de 28,000,000 f., à laquelle s'élevoit la totalité des pensions qui étoient payées par le trésor royal.

En me reportant toujours aux anciens comptes rendus, je verrai qu'avec la même somme que j'attribue à ce ministère, on entretenoit une armée d'environ 197 mille hommes nourris, armés et équipés, et environ 51 mille chevaux.

Réponse à l'objection qu'on pourroit faire sur l'insuffisance de la somme nécessaire à la guerre relativement au renchérissement des denrées.

On pourra m'objecter, que d'après le renchérissement des divers objets nécessaires à l'armée et aux besoins de la vie, le montant de la dépense de la guerre, telle que je l'établis sur le pied de paix, avant la révolution, sera insuffisante, et qu'il faudra ajouter à cette somme.

Je répondrai que, si cette objection que je regarde seulement comme purement spécieuse, étoit fondée, le Gouvernement pourroit suppléer à ce renchérissement : car, d'après l'opinion que j'émets dans la discussion de chaque nature de recette à effectuer à l'avenir, il trouveroit le moyen d'acquitter ce surcroît de dépense, quoique je propose la modération de certaines taxes et la suppression d'autres impôts.

Mais si je me reporte aux dépenses actuelles que nous voyons s'élever à 585,000,000 f., et qui étoient destinés aux frais de l'armée , *en temps de guerre* , formée de 6 à 800 mille hommes , tout doit me porter à penser que la somme de 125,000,000 f. , que je porte pour la dépense de la guerre , en temps de paix , doit être suffisante.

Je pourrois ajouter que le trop haut prix de l'intérêt des fonds n'a pas peu contribué au renchérissement de tous les objets nécessaires à notre existence. Mais ce renchérissement, occasionné par ce motif ne peut être que momentané , puisque tout rentrant dans l'ordre , et au moyen des institutions libérales qu'il sera très-facile de former, le prix de l'intérêt baissera nécessairement , sans qu'on ait besoin de recourir à la sévérité des lois. Je dirai deux mots à ce sujet à la fin de cet écrit.

MARINE.

Économie que présente la dépense de ce ministère , en la comparant à celle qui avoit lieu avant la révolution.

Quoique nous n'ayons ni colonies, ni commerce maritime , et que même le payement des fournisseurs soit très-retardé , la dépense du ministère de la marine s'élève , d'après le dernier compte rendu à la somme énorme de 167,000,000 f.

Observation.

Avant la révolution nous avions des colonies de la plus haute importance (1) ; nous fesions un com-

---

(1) Les publicistes étrangers assurent que la possession de la seule colonie de St.-Domingue , par la mul-

merce maritime qui chaque année prenoit des accroissemens très-considérables ; notre marine étoit dans un état très imposant, et cependant la dépense de ce ministère ne s'élevoit qu'à environ 45,200,000 f. ; c'est-à-dire à 122,000,000 f. de moins qu'à l'époque de la plus grande stagnation du commerce.

Aujourdhui que, par un pacte solennel, les différentes Puissances de l'Europe feront jouir les peuples des avantages inapréciables d'une paix solide et durable, l'Angleterre que par les derniers événemens nous voyons, si je puis m'exprimer ainsi, s'identifier avec nous ; l'Angleterre, la seule rivale que nous ayons à craindre sur les mers, va, de son côté, se livrer à de grandes économies sur les immenses dépenses que lui occasionnoient ses forces navales ; et les nôtres dans cette partie pourront aussi être bornées à la même somme qu'avant la révolution, ci   45,200,000 f.

On pourra m'objecter, que, si avant la révolution les dépenses de la marine ne s'élevoient qu'à cette somme, c'est parce que nos forces navales étoient composées d'une quantité considérable de vaisseaux qui avoient été construits au moyen des emprunts faits lors de la guerre d'Amérique, tan-

---

tiplicité de ses produits si variés, par les moyens d'échange utiles qu'elle nous facilitoit, par l'accroissement annuel de la culture des denrées dont tous les habitans de l'Europe se sont faits un premier besoin et dont on nous avoit imposé les privations, les publicistes assurent que cette colonie *étoit plus avantageuse pour la France que toutes les colonies appartenant à l'Angleterre.* Tout nous porte à penser qu'en employant les seules mesures qui conviennent à un bon Gouvernement, nous rentrerons dans cette propriété.

dis que le dernier Gouvernement, lorsqu'il voulut aussi avoir une marine, n'ayant pas eu la ressource des emprunts, n'avoit pu se livrer à cette dépense qu'au moyen d'une partie des recettes annuelles (1).

Si j'avois pu me procurer les renseignemens nécessaires à cet égard, il m'eut été, peut-être, facile de démontrer que, de quelque manière que l'ancienne dépense ait été faite, elle l'avoit été plus économiquement, et d'une manière plus utile que sous le dernier ministère.

Si pour ce genre de dépense, on me faisoit la même objection que pour la guerre, relativement au renchérissement de tout ce qui est nécessaire à nos forces navales, je renverrois à ce que j'ai dit, à cet égard, dans l'article précédent concernant la guerre.

CULTE.

Quelques réductions que nous puissions désirer dans les dépenses publiques, elles ne peuvent pas s'étendre sur celles énoncées dans les comptes rendus

---

(1) Nous avons entendu déclamer contre le systême des emprunts publics, parce qu'on étoit assuré qu'ils ne seroient pas remplis. On en a même acquis la preuve lors des tentatives qu'on a fait faire, à cet égard, par la ville de Paris. Ainsi donc, ce n'étoit pas précisément le systême qu'on attaquoit, car on y eût eu recours, si l'on avoit pensé pouvoir inspirer assez de coufiance.

Mais des détails sur les avantages et les inconvéniens de cette nature de ressources, ou la préférence à donner, pour acquitter les dépenses extraordinaires, à l'augmentation excessive de l'impôt, m'entraîneroient trop loin dans ce moment. J'ai amplement discuté cet objet dans un travail particulier que j'ai déjà annoncé en parlant de notre dette, et qui est en même temps relatif à cette question de l'économie publique.

pour la dépense des cultes, et je la porterai à la même somme : ci . . . . 17,000,000 f.

OBSERVATION.

Les ministres des autels doivent recevoir un traitement convenable à la dignité et à la sainteté de leurs fonctions, et qui les mettent au-dessus du besoin. L'économie que paraît présenter sur ce point la diminution du territoire, peut être convertie en augmentation de traitement aux desservans de nos curés, sans qu'il en résulte une grande surcharge pour les peuples.

J'ai été administrateur, et je me suis convaincu par moi-même, que les curés, ceux des campagnes principalement, dont j'ai eu le plus à me louer, n'ont pas un traitement suffisant, quoiqu'on l'ait amélioré par des centimes additionnels sur le montant de la contribution foncière, et qui leur est applicable. Il seroit très-utile de leur donner les moyens de pouvoir ajouter des secours temporels aux secours spirituels.

POLICE.

La dépense de ce ministère est énoncée au dernier compte rendu pour une somme de 2,000,000 f.

Si l'on croit qu'il puisse être utile de conserver ce ministère, la somme de 2,000,000 qui lui est attribuée sur les fonds publics, n'est pas trop élevée.

OBSERVATION.

Énonçant l'insuffisance de cette somme sous les deux derniers Gouvernemens, et moyens qu'on a employés pour y suppléer.

Mais ce n'étoit pas là la seule recette attribuée à

ce ministère ; car il eut été impossible de faire, avec cette somme, une police de la nature de celle dont nous avons été les témoins, tant du tems du Directoire que sous le dernier Gouvernement. Aussi la ferme des jeux lui étoit-elle dévolue, et les produits ni l'emploi de cette recette extraordinaire n'ont jamais été réellement connus. A quelle somme que puisse s'élever un revenu de cette nature, il ne sauroit exister sous un Gouvernement dont la moralité et la sagesse nous sont garans de la sévérité avec laquelle on le verroit renouveller les ordonnances paternelles rendues contre les jeux de hazard. Aussi ne parlerai-je pas de ce produit, que les hommes bien pensans desirent ne pas voir figurer dans nos comptes rendus, ni comme chapitre de recette, ni comme chapitre de dépense, et sur lesquels les deux derniers Gouvernemens ont gardé le silence.

Frais de négociation.

Cet objet s'élève, d'après le dernier compte rendu, à. . . . . 8,500,000 f.

OBSERVATIONS.

Lorsqu'on considère l'immensité des opérations faites par la trésorerie, on ne doit pas trouver exhorbitante cette dépense, qu'au fond on peut considérer comme représentant, en partie, les intérêts des anticipations existantes avant la révolution, et contre lesquelles on s'étoit tant récrié, sans réflexion et sans justice.

Différence entre la manière d'acquitter l'impôt direct avant la révolution, et qui nécessitoit des anticipations ; et mode de l'acquitter dans ce moment.

Il convient de rappeler qu'avant la révolution, l'impôt foncier ne s'acquittoit qu'après que les propriétaires avoient eu le tems de vendre une partie de leurs récoltes, ou après avoir reçu le fermage de leurs propriétés, tandis que dans ce moment ils sont obligés d'acquitter l'impôt *par anticipation*, et long-temps avant d'avoir pu livrer au commerce les produits de leurs récoltes. L'ancien Gouvernement aimoit mieux faire un sacrifice, en obtenant des fonds par anticipation dont il payoit l'intérêt, que de presser la trop prompte rentrée de l'impôt direct, dont la perception ne se faisoit qu'après l'année révolue.

Le Gouvernement éprouvera un vif regret de voir que la position actuelle des choses ne puisse pas lui permettre de faciliter, ainsi qu'avant la révolution, le paiement de la contribution directe, et qu'il soit dans la pénible et même indispensable nécessité d'en demander la rentrée d'après le mode qu'il trouve introduit.

Désormais les opérations de la trésorerie seront si simplifiées, que nous pouvons espérer une grande réduction dans les frais de négociation ; et c'est beaucoup que de les porter, pour la dépense à venir, à. 4,000,000 f.

Il est d'autres moyens à employer pour assurer le service de tous les paiemens de la trésorerie, sans qu'on soit obligé à des frais de négociation toujours trop dispendieux. Je pourrai parler encore de cet objet lorsqu'il en sera temps.

Résumé des dépenses à venir.

Avant de passer à deux autres genres de dépenses très-essentielles, et qui consistent dans les dépenses extraordinaires et imprévues, ainsi que dans le paiement de l'arriéré, voyons à quelle somme s'élève la totalité des objets dont je viens de faire l'énumération, et qui sont à-peu-près les mêmes que ceux énoncés dans le dernier compte rendu.

En les résumant, je trouverai :

1. Dette publique et pensions, *y compris* 12 *millions* pour l'amortissement de la dette . . . . 135,300,000 f.

Maison du Roi et des Princes. . 35,700,000

MINISTÈRES.

3. Justice	23,200,000
4. Affaires étrangères	8,500,000
5. Intérieur.	48,200,000
6. Finances.	16,800,000
7. Trésorerie	7,000,000
8. Guerre.	125,000,000
9. Marine.	45,200,000
10. Cultes.	17,000,000
11. Police générale	2,000,000
12. Frais de négociations. . .	4,000,000
	467,900,000

13. Dépenses extraordinaires et imprévues, etc. 32,100,000

Total des dépenses . . 500,000,000 *

* Je prie le lecteur de se rappeler que la somme

*Facilité que donnera la diminution de ces dé-
penses pour pouvoir acquitter généralement
toutes les dépenses de l'arriéré ; et moyens d'y
parvenir.*

Dans l'ordre actuel des choses ; la modicité de
ces dépenses, qui diminueront insensiblement d'ailleurs par l'extinction des rentes viagères, des pensions du clergé, de la dette perpétuelle, au moyen
d'un fonds réel d'amortissement. (auquel nous verrons donner cette destination puisqu'il peut être
utile) et par les diverses économies dont sont susceptibles plusieurs branches de dépenses des divers
ministères ; la modicité de ces dépenses, dis-je,
donne assez de latitude au Gouvernement pour qu'il
puisse s'occuper d'acquitter, le plus incessamment
possible, le montant des sommes qui peuvent être
dues à divers fournisseurs.

Pour avoir une opinion précise sur cet arriéré,
j'aurois desiré en connoître le montant. Quoi qu'il
en soit, il seroit trop difficile au Gouvernement
d'acquitter de suite la somme à laquelle pourra s'é-
lever cet arriéré. Mais pour dissiper tout incertitude
à cet égard, je crois qu'il conviendroit d'adopter
une grande mesure, celle de liquider le plus promptement possible tout ce qui peut être dû à ces divers
créanciers. Il faudroit ensuite le constituer, établir
*un fonds spécial pour en acquitter les arrérages,
ainsi qu'un fonds d'amortissement annuel* pour

---

de.	32,100,000 f.
pour dépenses imprévues, s'élèveroit à. .	12,000,000
de plus, si je n'avois pas fait un emploi	
très-utile de cette dernière somme, pour fon-	
der une caisse d'amortissement réelle et non	
fictive.	44,100,000

que cet arriéré pût être soldé dans le délai que le Gouvernement décideroit dans sa sagesse ; je crois aussi qu'il pourroit entrer dans les vues de justice qui le caractérisent, de tenir compte de l'intérêt de cette nouvelle dette, à dater du 1er avril 1814.

Lorsqu'une dette de ce genre repose essentiellement sur la loyauté du Gouvernement, qu'elle est constituée, *qu'un fonds est spécialement affecté, non - seulement à en acquitter les arrérages, mais encore à en éteindre le capital* (extinction qu'on pourroit accroître annuellement du montant de l'intérêt du capital remboursé), toute crainte de la part des fournisseurs seroit mal fondée, puisqu'il leur sera facile, s'ils ne peuvent pas les garder, d'aliéner à des conditions avantageuses les titres qui leurs seroient remis, *et qu'on les traitera d'une manière bien plus favorable que ne l'auroit fait le Gouvernement qui a contracté des engagemens envers eux.*

Il est impossible de prélever dans le courant de l'année, la somme d'impôt nécessaire à l'acquit de cet arrière, sans vouloir accabler les peuples d'une surcharge de contributions qu'ils ne ponrroient pas supporter; et il est de toute justice de les faire ressentir des avantages résultant du rétablissement de l'ancien ordre des choses. Dans cette position, le parti que je soumets à la sagesse du Gouvernement, est le seul qui puisse être mis en usage, puisqu'il lui sera aussi utile qu'aux créanciers dont je viens de stipuler les intérêts.

Juste appréciation des ressources de la France, bien différentes de celles insuffisantes énoncées dans le compte rendu au Corps législatif, le 25 février 1813.

Malgré l'épuisement de la France, causé par 25

années de révolution, elle peut facilement supporter la somme des dépenses dans le détail desquelles je viens d'entrer.

Il ne faut pas évaluer les ressources de ce beau pays d'après les tableaux qu'en présenta le ministre de l'intérieur au Corps législatif, le 25 février 1813: ce seroit les juger d'une manière trop défavorable pour la France. Ce rapport, prononcé par ce ministre, accompagné de deux conseillers d'état, est peut-être l'ouvrage le plus inexact, le moins vraisemblable et le plus dépréciateur *qui ait encore été fait contre la France*, ce qui démontre que le Gouvernement renversé étoit si mal servi qu'on ne savoit pas même faire valoir la véritable situation de nos ressources territoriales: car si elles ne s'élevoient qu'aux valeurs énoncées dans ce rapport, nous eussions été dans l'impossibilité la plus absolue de supporter la totalité des taxes sous le poids desquelles nous gémissions, et même une bien moindre quantité.

Ce seroit mal me juger, que de penser que je ne tiens ce langage que parce que M. de Montalivet n'est plus en place. J'ai peut-être été le seul Français qui se soit appliqué à faire des observations sur chacun des articles énoncés dans ce compte; observations dans lesquelles j'établissois quel étoit l'aperçu de nos ressources. Loin d'y mettre de l'exagération, je les calculai au plus bas possible de leur quantité et de leur estimation. Je démontrai en même tems combien étoient peu vraisemblables les données de ces états de situation, puisqu'elles ne suffisoient pas *à ce qui étoit de la plus absolue nécessité pour notre stricte existence*. J'adressai ensuite ce travail au ministre; il est vrai qu'il ne m'en accusa pas la réception : mais on doit le trouver dans ses papiers, ainsi que ma lettre d'envoi.

IMPOT A PRÉLEVER.

Bases sur lesquelles je fonde mon opinion relative-
ment aux moyens d'acquitter nos dépenses pu-
bliques.

Pour présenter des résultats sur le montant des recettes à venir, je me servirai des renseignemens
transmis par le ministère des finances dans le compte
rendu des recettes de 1813 ; ils peuvent être considérés comme très-positifs. Je joindrai quelques observations snr chaque article de recettes qui en seront susceptibles, elles pourront tendre à l'amélioration de
l'impôt et au soulagement des contribuables.

Je parlerai aussi de la suppression et de la modération de quelques genres de recettes, dont la perception sera inutile, et dont le Gouvernement peut
se donner la satisfaction de soulager la France.

Idées générales sur l'état de situation des finances
de la France, et système de l'impôt actuellement
adopté, et qu'il convient de maintenir.

Le système de l'impôt en France est très-bon en
lui-même ; il est très-simple, à la portée des esprits
les moins versés dans ces matières; on est habitué à
le payer, les divers préposés sont au fait de la perception ; il convient donc de le maintenir, et de se
borner à des améliorations dont l'expérience nous a
démontré la possibilité et les avantages ; améliorations non-seulement favorables à la perception, mais
encore aux contribuables.

Tout changement dans ce système seroit plus préjudiciable qu'utile, et nous courrions le risque
d'entrer encore dans un labyrinthe dont nous ne saurions jamais sortir. Garantissons-nous sur-tout d'un

esprit de système, *dont nous avons éprouvé les trop dangereux effets* ; méfions-nous de toutes les théories, si séduisantes en apparence, mais qu'il est presqu'impossible de réaliser ; GARDONS-NOUS AUSSI DE NOUS LIVRER A LA RESSOURCE DES EMPRUNTS : et pourquoi y aurions-nous recours, lorsque, sous tous les rapports, nous pouvons nous en passer ?

Division actuelle de l'impôt.

L'impôt actuellement perçu, et consistant en impôt *direct* et *indirect*, a une très-bonne division et, à la dénomination près, elle est à peu près la même que celle existante avant la révolution. Le mode de perception laisse aussi peu à desirer.

Les observations que je serai à même de faire sur ces matières, et que je soumettrai à la sagesse du Gouvernement, s'il le desire, sont fondées sur une expérience acquise pendant les diverses périodes de mon administration, et d'après l'application que j'ai faite de plusieurs moyens, avant qu'ils fussent adoptés comme mesure générale. Quoique je n'en aie obtenu aucune récompense, j'ai éprouvé une vraie satisfaction en voyant que le ministère en avoit reconnu toute l'utilité et les avoit universalisées.

Discussion des différentes branches de recettes.

CONTRIBUTION FONCIÈRE.

La contribution foncière s'élève d'après le dernier compte rendu à. . . .   241,884,244 f.

En déduisant le 5ᵉ de cette somme comme prélevé sur les départemens réunis à la France depuis la révolution, et

qui seront retranchés du terri-
ritoire , tel qu'il existoit en
1813 , je trouverai une somme
de. . . . .   193,507,396 f.
qui peut représenter à l'avenir le montant de la
contribution foncière.

Observations.

Cet impôt est supporté en ce moment par toutes
les portions du territoire. Si je le compare aux
perceptions existantes avant la révolution , et qui
n'étoient pas aussi également réparties , ce qui
donnait lieu à de si grandes et si dangereuses discussions, je trouverai qu'à cette époque ,

1°. Les vingtièmes produisoient	55,000,000 f.
2°. Le 3e. vingtième.	21,500,000
3°. La taille.	91,000,000
4°. Impositions de la Corse. .	600,000
5°. Clergé.	11,000,000

179,100,000 f.

Je pourrois ajouter les corvées , autre genre d'impôt, que
Louis XVI avoit aboli avant la
révolution, et qu'on pouvoit considérer comme une contribution
directe. . . . .   22,500,000 f.

201,600,000

La contribution foncière s'élève
dans ce moment , ainsi qu'on l'a
vu , à.   193,507,396
Il y a donc une différence en moins
de, ...   8,092,604. f.

A cette somme on pourroit ajouter les dîxmes.

J'établis cette différence pour démontrer que la contribution actuellement existante est très-bonne en elle-même , et qu'il convient de la maintenir.

Moyens employés par le ministère des finances pour parvenir à la juste répartition de l'impôt foncier.

Le ministère des finances s'est occupé des moyens à employer pour que cette branche des revenus publics fût répartie le plus exactement possible. On a fait d'abord l'essai de la confection d'un cadastre ; et après y avoir dépensé des sommes très-considérables, on s'est rendu aux observations que des hommes instruits avoient faites : on a opéré sur de nouvelles bases qui semblent donner des résultats moins défectueux.

Par ces observations je n'entends pas faire présumer qu'il ne faille pas continuer la confection du cadastre , ne fût-ce que pour connaître l'étendue exacte du territoire et la superficie du terrain cultivé de telle ou telle manière ; cette opération présentera un résultat d'utilité. Mais jamais, de quelle manière qu'on opère, on ne pourra établir définitivement l'exacte répartition de l'impôt sur chaque propriété foncière ; ce cadastre seroit achevé , qu'il faudroit le recommencer pour essayer encore de parvenir à une juste répartition.

Pour démontrer ce que j'avance, il me suffiroit

de citer ce qui a eu lieu dans tous les pays où l'on a eu autrefois un cadastre, notamment en France, dans l'ancienne généralité de Moutauban.

Moyen à adopter, préférablement à tous ceux qu'on a cherché à mettre en usage jusqu'à présent, pour parvenir à une juste répartition de l'impôt foncier, et avantages qui en seront le résultat.

Mais dans mon opinion, suivant encore celle des hommes les plus instruits dans la partie d'économie publique que je discute, et d'après l'expérience qu'en fait depuis long-temps l'Angleterre, il est une grande mesure à adopter pour l'an 1815, préférablement à tout ce qu'on pourroit faire dans cette matière ; mesure sur laquelle j'ai souvent écrit, et dont je ne présente ici que l'apperçu ; *mesure enfin dont l'utilité est généralement reconnue, et dont l'exécution ne pouvoit qu'être retardée.*

Je veux parler de la *fixité de l'impôt foncier*, et de la nécessité de le rendre ainsi invariable pendant au moins cinquante ans ; c'est un premier bienfait qui doit émaner du Gouvernement que le vœu général des Français vient de rétablir ; ce sera le plus grand encouragement qu'il puisse accorder à l'agriculture ; ce sera une garantie de la plus grande prospérité que puissent promettre la fertilité du sol et la beauté du climat de la France. Lorsque, par l'adoption d'une mesure aussi utile et aussi simple, on aura donné une assurance solennelle sur la certitude, pour l'avenir, de la quotité de l'impôt foncier , beaucoup de capitaux seront répandus sur les terres , parce qu'ils seront ainsi à l'abri de toutes sortes de contributions ; alors tous les citoyens aisés voudront devenir propriétaires ; la plus grande concurrence s'établira dans l'acquisition des propriétés foncières ; elles reviendront, dans peu, au taux où elles étoient en 1789 , et l'on s'estimera très-heureux de pouvoir placer en immeubles à 3 ou 4 pour cent. Par cette mesure , l'impôt foncier deviendra si peu onéreux qu'on ne formera plus de demandes en dégrèvement qu'il faut toujours réimposer l'année d'après , ce qui ajoute aux embarras de l'administration ; par cette mesure , le Gouvernement pourra compter sur une recette certaine et invariable. Par l'amélioration même des biens, qui en sera la conséquence naturelle , *la répartition s'égalisera d'elle-même* , et sans donner lieu à aucun sujet de sollicitude pour l'administration. Par cette mesure enfin , les droits de timbre, d'enregistrement et d'hypothèque, dont le payement sera alors volontaire , prendront des accroissemens remarquables.

Annonce d'un travail étendu sur le moyen de parvenir à la juste répartition de l'impôt.

Les bornes que je suis forcé de donner à ces observations, ne me permettent pas d'entrer dans de plus grands détails ; je sens cependant que la mesure que je soumets à la sagesse du Gouvernement, auroit besoin de bien plus grands dévelopemens. J'ai un travail tout prêt à cet égard, j'offre de le remettre , si on le desire ; mais, je le repète, la mesure de la fixité de l'impôt, *étant la seule qui puisse le mieux convenir à la prospérité de l'agriculture*, elle ne doit pas s'ajourner , et il sera extrêmement important de la faire décider par la première législature.

Il faut enfin que, généralement dans toutes les parties, le bien s'opère avec autant de promptitude que, naguères, on mettoit de lenteur à le faire; et ce sera remplir le vœu des Français et du Gouvernement.

Contribution mobilière et personnelle.

La deuxième espèce de contribution que nous voyons figurer dans le dernier compte rendu, est celle de la contribution personnelle et mobilière.; elle s'élève à. . . . . 37.322,978 f.
Si, en suivant le système que j'ai déjà exposé, je déduis de cette somme le 5e., je trouverai que ces deux genres de taxes pourront s'élever à l'avenir à. . . . . 26,848,383 f.

OBSERVATION.

Je comparerai ce genre de contributions à celui de la capitation, perçu avant la révolution, et qui s'élevoit à. . . . . 41,500,000 f.
et par conséquent à 11,651,617
de plus que la contribution mobilière et personnelle dont je viens d'établir la quotité de produit, et qui va faire la matière de ces observations.

La contribution mobilière pèse beaucoup moins sur les habitans des campagnes que sur celles des villes. Généralement parlant, elle est répartie d'une manière très-arbitraire. D'ailleurs, cette contribution est une de celles qui présente le plus de difficultés, avant de pouvoir parvenir à une juste répartition. Enfin l'intention de la législature qui créa cet impôt, est mal entendue et mal interprétée, même par ceux qui l'administrent.

Moyen à adopter pour éviter l'arbitraire de là répartition de cette taxe, et expérience faite a cet égard.

Ce fut après m'être convaincu, par moi-même, comme administrateur du département de la Seine, de tous les vices de cette répartition, et dans les détails desquels il seroit trop long d'entrer, que je m'opposai à un nouveau mode de perception que le ministère croyoit devoir être établi, et qui dans mon opinion étoit beaucoup plus défectueux que celui qui existoit. C'est alors que je proposai, pour la capitale, la suppression de cet impôt, et son remplacement par une augmentation à l'octroi, mesure que l'on pouvoit aussi étendre sur les communes où la perception de l'octroi est établie.

Le ministre se rendit à mon opinion, et me chargea de la rédiger par écrit; ce que je fis. L'emploi de ce mode souffrit d'abord quelques difficultés dans les discussions du Conseil d'état, et ce ne fut qu'à la deuxième année que le ministre put enfin parvenir à la faire adopter.

Quelques communes très-populeuses ont demandé à jouir du même bienfait que la capitale, et il leur a été accordé. L'impôt mobilier, je le répète, présentant beaucoup de difficultés dans sa répartition, je crois qu'il y auroit une grande utilité à étendre la mesure adoptée pour Paris, Rouen, etc. etc., à toutes les communes qui ont des octrois. Quant aux campagnes, la contribution mobilière continueroit d'y être perçue comme elle l'est dans ce moment. Autant que j'ai pu m'en appercevoir, il m'a semblé que sur la totalité de ce produit, elle étoit peu considérable.

Avant de terminer ce travail, je parlerai des octrois, contribution indirecte très-importante, puisqu'elle est d'une absolue nécessité pour les communes et pour les hôpitaux.

CENTIMES ADDITIONNELS.

Les centimes additionnels aux trois contributions dont je viens de parler, et dont le montant sert à acquitter les dépenses fixes des départemens, s'élèvent, d'après le dernier compte rendu, à..... 22,428,584 f.

En déduisant toujours, d'après mon système, le cinquième de cette somme, je trouverai que les centimes additionnels à prélever sur les contributions directes, donneront à l'avenir .... 17,942,712 f.

OBSERVATION.

Cette espèce de contribution est très-bonne et très-juste en elle-même : comme elle a une destination utile aux administrés, il convient de la maintenir.

PORTES ET FENÊTRES.

D'après le dernier compte rendu, cet impôt, dont la seule dénomination annonce le ridicule, s'élève à. . . . . 19,059,088 f.

La proportion dans la réduction de cet impôt, relativement à ma supposition sur la réduction du territoire français, ne pourroit pas être la même que pour les autres contributions, à cause des villes d'une population très-étendue ; cependant, en la supposant égale, elle s'élèveroit à...... 15,247,271 f.

OBSERVATION

Sur cette nature d'impôt.—Vice résultant de l'iné-
galité de sa répartition. — Je pense que le Gou-
vernement peut soulager les peuples de ce genre
de taxe.

Cet impôt, qui date de la révolution, est mauvais sous tous les rapports. On n'a pas besoin de son
produit; il faut donc le supprimer, et procurer ainsi
aux peuples cette précieuse diminution des charges
publiques. Par sa nature, cet impôt ne peut pas être
réparti d'une manière équitable et proportionnée aux
fortunes.

Sa perception est encore infectée de la plus grande
injustice, puisque dans les villes la croisée du pauvre,
habitant les quartiers les plus éloignés et les moins
fréquentés, et où les locations sont à plus bas prix,
est imposée à la même somme que celle du citoyen
opulent; et que, dans les campagnes, la croisée de
la chaumière est aussi imposée à la même somme
que celle du château habité par l'homme riche.

Enfin, un impôt établi sur l'air que l'on respire,
est odieux par sa nature; et puisque, comme je l'ai
déjà avancé, et que je le démontrerai dans le
résumé des dépenses et des recettes, on peut se
passer de son produit, je crois qu'il convient de le
supprimer.

PATENTES.

D'après le dernier compte rendu, le produit des
patentes s'élève à . . . . 20,001,962 f.

En suivant toujours les bases que j'ai présentées,
je trouverai, déduction faite du cinquième, un produit qui peut être conservé, et qui
s'élèveroit à . . . . 16,001,590 f.

OBSERVATION

Sur cette nature de contribution. — Opinion des économistes sur ce genre de produit.—Vice de sa répartition. —Moyen de la distribuer le plus également possible et de prévenir ainsi les réclamations auxquelles elle donne lieu annuellement.

La patente représente, en partie, le droit établi, avant la révolution, sur les maîtrises et jurandes; mais cet impôt est beaucoup plus généralisé qu'alors, puisqu'il s'étend sur toutes les classes qui exercent quelque industrie, ou qui se livrent à divers genres de spéculations commerciales ; aussi rapporte-t-il beaucoup plus que celui des jurandes et maîtrises. Sous ces points de vue, le droit de patente est préférable à celui qui étoit perçu sur les maîtrises et jurandes. Ce genre de contribution pèse beaucoup plus sur les habitans des villes que sur ceux des campagnes. Depuis son établissement, il a donné lieu à toutes sortes d'observations de la part des économistes. Les uns desirent le rétablissement des maîtrises ; les autres préfèrent qu'on maintienne le droit de patente. Je crois cette dernière opinion la meilleure ; je pense qu'il convient de se borner à remédier à l'arbitraire que présente l'injuste répartition du droit de patente; arbitraire qui dérive de la nature même de l'impôt établi en droit fixe et en droit proportionnel *d'après la consistance du loyer.* Cet impôt est même celui qui fait constamment naître le plus de réclamations, et qui occupe le plus les administrations.

Le seul moyen dont il me paroît convenable de faire usage pour remédier à tous les inconvéniens que présente ce genre de perception, seroit d'en répartir la totalité par corporations exerçant des professions à-peu-près analogues ; et depuis qu'on prélève cet impôt, cette répartition me paroît très-facile à faire. Des commissaires qu'elles nommeroient elles-mêmes, établiroient la part de la patente que devroit supporter chaque individu de cette corporation, soit d'après le droit proportionnel, soit d'après son loyer, soit d'après la connoissance qu'on auroit des bénéfices qu'il peut faire dans son commerce. En adoptant ce moyen, on s'assureroit d'une juste répartition : elle prêteroit le moins possible à l'arbitraire ; et on ne verroit plus élever continuellement des réclamations sur la quotité de la taxe à laquelle on est imposé : on n'oseroit pas même se permettre des réclamations, parce qu'on craindroit de se porter un préjudice dans l'opinion même de ceux qui auroient décidé cette répartition de taxe. La mesure que je propose économiseroit encore le tems qu'emploient continuellement les hommes chargés de cette partie, et dont les travaux sont interminables, puisqu'on les recommence chaque année.

Assez généralement, les réclamations sur les impôts sont mal fondées ; c'est une vérité dont j'ai été souvent à même de me convaincre. J'ai même remarqué que la plupart de ces réclamations sont faites par les contribuables qui ont le plus de moyens pour les acquitter, et un plus grand intérêt à ce que le Gouvernement puisse payer facilement toutes ses dépenses.

OBSERVATION

Sur le mode de perception des contributions directes actuellement adopté, et que je pense devoir être maintenù.

Avant d'entrer dans quelques détails concernant les autres branches de produits qui consistent dans les impôts indirects, arrêtons-nous un moment sur la manière dont l'impôt direct est prélevé.

Des *percepteurs à vie* remplacent les percepteurs des communes. C'est moi qui dans le temps provoquai, en partie, cette mesure, qui, d'abord rejetée, fut adoptée ensuite, quoique d'une manière différente de celle que j'avois proposée. J'avois démontré l'utilité de n'avoir qu'un percepteur par arrondissement de justice de paix, ce qui étoit très-suffisant. Cette mesure seroit préférable à celle actuellement existante, puisqu'elle donneroit des économies et qu'on diminueroit les frais contre les contribuables en retard. Ce sera au Gouvernement de faire à cet égard ce que dans sa sagesse il croira le plus utile au prélèvement de l'impôt; mais il faut bien se garder de rétablir les percepteurs par communes, tels qu'ils existoient autrefois.

Ce fut après m'être convaincu des vices résultans de ce mode de perception, et dans les détails desquels il est inutile d'entrer, que je proposai de le changer.

Il faut aussi maintenir les *Avertissemens* que je fis distribuer aux habitans des campagnes, et qui leur indique la quotité de la taxe à laquelle ils sont imposés, ainsi que les époques de paiement, et les engage à exiger une quittance sur le même avertissement, à mesure des à-comptes qu'ils remettroient. J'ai été témoin des bons effets produits par cette simple mesure, puisque je ne vis plus les contribuables me porter des plaintes sur les percepteurs et sur le non *émargement* des rôles, émargement qui étoit alors la seule preuve des paiemens de l'impôt. Cette mesure n'avoit jamais eu lieu jusqu'alors pour les campagnes; j'eus la satisfaction de la voir généraliser dans toute la France.

Mode de versement de l'impôt foncier au Trésor public.

Le versement de l'impôt au Trésor public, au moyen des obligations des receveurs généraux, est aussi une très-bonne mesure, et qu'il convient de maintenir. Je dois d'autant plus insister sur cette opinion, qu'étant administrateur du département de la Seine, je fus le premier à proposer de faire souscrire des obligations au receveur-général de ce département. Au premier apperçu, le ministère se refusa à les adopter, et il n'y consentit que sur le témoignage favorable que lui en rendit feu M. Dufresne, alors directeur-général de la Trésorerie, avec lequel je fus chargé de discuter les avantages ou les inconvéniens de cette mesure.

Après que par l'expérience dont je viens de parler, on se fut convaincu de son utilité, elle fut généralisée et je crois devoir en renouveller la remarque.

La contribution directe actuellement existante, et les divers modes de répartition, de perception, ainsi que d'administration établis, laissent peu à desirer ; il est utile de les conserver, en leur faisant toutefois éprouver les améliorations dont ils sont susceptibles, *et qui sont le résultat de l'expérience :* tout autre système seroit plus nuisible qu'avantageux.

CONTRIBUTIONS INDIRECTES.

ENREGISTREMENT.

La recette effectuée par l'administration du droit d'enregistrement, et que nous voyons très-détaillée dans le dernier compte rendu, p. 63, se compose d'une infinité d'articles qui exigeroient des observations particulières ; je vais m'arrêter aux objets principaux.

Le droit de l'enregistrement, d'après le dernier compte rendu, s'est élevé en produit brut à. . . . . 105,803,146 f.

Les greffes idem à. 5,154,445

Le droit d'hypothèque idem à . . 8,159.007

Amendes de tous genres. . . . 3,028,884

____

122,145,482

D'après mon système, ce revenu sera réduit à.. 97,716,386

Les passeports et le permis des ports d'armes s'élèvent, d'après ce même compte, à. 1,466,618 f.

Les décimes par franc des droits et amendes qui y sont sujets, sont aussi énoncés pour une somme de........ 13,453,596

____

Ces deux objets forment ensemble... 14,920,214

O B S E R V A T I O N.

J'aurois desiré ne pas porter en ligne de compte ces deux derniers objets de recette, et proposer de soulager le peuple de cette surcharge d'impôt : mais après avoir fait l'énumération de toutes les dépenses et recettes, et avoir considéré la somme à laquelle, peut-être, s'élèvera l'arriéré, je me suis convaincu qu'on ne pouvoit pas se passer de ces genres de produits, que j'estimerai, d'après mon système à.. . . . . 11,936,171 f.

Le dernier de ces articles fut établi du temps du

Directoire, pour subvenir aux frais de la guerre. Nous sommes en paix, et il semble que sa perception devroit cesser ; mais nous avons à acquitter les frais des guerres passées. Je pense qu'il faut encore maintenir, quelque temps, ce genre de ressource, et en considérer la recette comme une partie du fonds spécial destiné à acquitter désormais l'arriéré ; on lui donnera alors la destination pour laquelle cette taxe fut créée.

Courtes observations sur l'amélioration à faire éprouver au produit du droit d'enregistrement et d'hypothèque.

Le droit d'enregistrement représente celui de *contrôle*, qui existoit avant la révolution. Cette perception est très-bonne en elle-même ; mais elle a besoin qu'on y introduise des améliorations importantes, dont l'expérience de 23 années a démontrée l'utilité ; *elles sont généralement réclamées*, et cela seul suffit pour que l'amélioration de ces taxes soit un objet de sollicitude pour le Gouvernement. En adoptant ce principe, ce droit rapporteroit beaucoup plus, et il faciliteroit en même temps bien davantage les transactions entre les citoyens. Ces mêmes observations peuvent aussi s'appliquer aux droits d'hypothèque.

Je pourrois présenter des vues à cet égard, elles seroient le résultat des renseignemens que j'ai été à même de prendre lorsque j'ai administré.

Timbre.

Le timbre est porté dans le dernier compte rendu, pour un produit brut de . . . . 25,086,054 f.
En déduisant le cinquième de ce revenu, je trouverai un produit brut de 20,908,843

OBSERVATION.

La taxe établie sur le papier timbré est encore très-bonne ; mais sa répartition est injustement établie. Cet impôt est susceptible de grandes améliorations, qui lui feront rapporter des sommes plus considérables que dans le moment actuel, sans occasionner de trop fortes surcharges.

Le timbre est une des taxes les plus généralement adoptées chez toutes les Puissances. Par une répartition plus équitable, elles ont su en tirer un parti beaucoup plus avantageux que nous ne l'avons fait.

Quinze autres articles de recettes sont aussi énoncés au dernier compte rendu des produits du droit d'enregistrement, ils donnent ensemble 33,086,624 f. La plus grande partie de ces recettes sont éventuelles, et ne peuvent pas être considérées comme un produit fixe et certain ; je les réduirai à....... 12,000,000

BOIS.

Les produits des coupes de bois et accessoires sont énoncés au dernier compte rendu pour une somme de. . . . . 53,796,028 f.

OBSERVATION

Et motifs qui donneront lieu à la diminution des produits de ce genre de revenu public.

Ce genre de revenu public éprouvera nécessairement une grande diminution, parce que :

1°. Les bois qui sont dans l'étendue des départemens réunis, ne nous appartiendront plus lorsque ces départemens seront séparés du territoire français.

2°. Parce qu'il est de toute justice de rendre aux émigrés les portions de bois dont la restitution ne leur a pas encore été faite. C'est ainsi que le Gouvernement réparera le préjudice porté à un grand nombre de familles qui gémissent dans le malheur, et auxquelles on n'a pas même distribué annuellement la portion qui leur avoit été promise sur le montant de la coupe deleurs bois; promesse cependant solemnellement faite pour satisfaire à la légitimité de leur réclamation. Il suffit de faire remarquer cette injustice, qui sera promptement réparée par un Gouvernement qui ne veut faire acception de personne, et qui désire que tous les habitans de la France participent également à ses bienfaits. La faveur et l'importunité ont fait rendre beaucoup de bois à des familles d'émigrés : n'ont-elles pas toutes les mêmes droits? pourquoi les a-t-on traitées d'une manière différente?

Apperçu du produit à venir des coupes de bois.

En déduisant du produit ci-dessus énoncé la valeur des bois qui font l'objet de ces observations, j'estime, par apperçu, les coupes des bois et forêts qui resteront au domaine, à. 20,000,000

Produits des ventes des biens communaux, de leurs bois, ainsi que ceux des hospices.

Je ne m'occuperai point du produit des ventes des biens des communes, ni de leurs bois, ni de ceux des hospices, quoique cependant ces objets soient énoncés dans les derniers comptes rendus, page 56, pour une somme de 149,000,000, parce que tout me porte à croire que ces propriétés seront respectées à l'avenir, étant aussi sacrées que celles des particuliers et qu'elles seront rendues, parce que jamais nos Rois n'y avoient porté atteinte, quelque pressans que fussent les besoins de l'état. Cependant l'administration devra surveiller la gestion de ces biens, afin qu'ils puissent rapporter tout ce dont ils sont susceptibles, et que leurs produits puissent venir en moins imposé, ou être employés en objets d'utilité publique.

Quant aux biens des hospices, je crois qu'il y a une grande mesure à adopter pour augmenter leurs revenus; j'en ai fait la matière d'un travail particulier, et que je remettrai, si le Gouvernement le desire.

Avantages produits par l'aménagement des bois des communes, et utilité d'établir cette mesure dans les lieux où l'on n'a pas encore pu s'en occuper.

Les bois des communes, principalement ceux qui avoient été presqu'entièrement détruits par les excès de la révolution, ont été réparés et aménagés au moyen de la surveillance qu'y a apportée l'administration des forêts, et c'est un hommage que je me fais un devoir de lui rendre; il sera très-utile de continuer ces mêmes opérations dans les bois dont on n'a pas encore pu s'occuper; et chaque année ces sortes de produits éprouveront des accroissemens remarquables.

Produit à venir de l'administration du droit d'enregistrement.

La totalité des recettes à effectuer à l'avenir par l'administration des domaines, d'après le relevé ci-dessus s'éleveroit,

S A V O I R :

1°. Pour les droits d'enregistrement, hypothèque, etc. 97,716,386

De l'autre part. . . . . ✦ 97,716,386
   2°. Pour le droit de centimes pour
francs, etc. etc. 11,936,171
   3°. Le timbre 20 068,843
   4°. Droits éventuels, fermages, etc. 12,000,000
   5°. Bois. 20,000,000

        Total en produit brut,   161,721,400

En supposant, pour tenir généralement lieu de tous les frais, 8 pour
cent, (et je les porte très-haut, parce
qu'en administration, c'est de cette
manière que je pense qu'il faut calculer).
ces dépenses s'éleveroient à 12,937,712

Ce qui donneroit un produit net de. . 149,783,683

S E L.

La taxe sur le sel, d'après l'énoncé de la page 76
du dernier compte rendu, donne en produit
brut . . . . 47,562,229 f.
   Et pour la taxe prélevée par les
droits réunis pour les salines de
l'est énoncée page 82 6,600,783

                         54,163,012

O B S E R V A T I O N.

*Insuffisance de ce produit en le comparant à la
  consommation présumée d'après les anciens calculs de la ferme générale.*

Cette taxe a dû nécessairement être mal administrée, puisque, distribuée sur 42,7000,000 habi-

tans qui formoient la population de la France en 1813, d'après le compte rendu du ministère de l'intérieur, cette taxe n'établit qu'une consommation d'environ 13 livres par tête d'habitant. Ce calcul est même conforme à la quantité de sel considérée comme revenu territorial dans l'exposé que je viens de citer. Cette taxe auroit dû rapporter au moins 76,880,000 f., c'est-à-dire 22,716,988 f. de plus que la somme énoncée au dernier compte rendu.

Comment pourroit-on se refuser à l'évidence d'une mauvaise gestion de cet impôt, lorsqu'on compare cette consommation à celle qui avoit lieu avant la révolution, et dont le terme moyen, d'après les relevés de la ferme générale, s'élevoit à 15 livres par individu ? Cependant à cette époque. . 8,300,000 individus, composant la population des pays des grandes gabelles, payoient le sel 14 s. la livre, et. . . . . . 4,600,000 habitans, composant les pays des petites gabelles, payoient le sel 8 s. la livre.

———————

12,900,000.

Les autres 11,100,000

———————

24,000,000

habitans formoient la population des pays libres ou rédimés, où le sel étoit livré à bas prix.

Si à l'époque de ces prix excessifs, la consommation du sel étoit à 15 livres, sans y comprendre celui qui s'introduisait en fraude (1), comment cette con-

———————

(1) Pour démontrer combien cette fraude étoit considérable, il suffira de dire que, quelque surveillance qu'apportât la ferme

sommation seroit-elle diminuée, lorsque cette taxe étoit réduite à 2 s. ? Voilà ce qu'il est bien difficile de concevoir, sur-tout lorsqu'il est généralement reconnu que la consommation du sel est beaucoup plus considérable aujourd'hui qu'avant 1789.

J'ai fait un travail très-étendu sur cette matière ; j'y démontre ce que pourra produire cet impôt, *s'il est bien administré* ; je l'avois même communiqué et au lieu d'utiliser les renseignemens positifs que j'avois transmis, on préféra le doublement de la taxe.

En supposant une consommation de 18 liv. par tête d'habitant, qui, lorsque le sel est à bas prix est la moindre consommation de cette denrée, et en établissant la taxe à 2 s. la livre sur une population que je suppose être de 24,000,000 d'individus, sa perception s'élèveroit au moins à 45,200,000 f. (1)

---

générale, elle ne pouvoit arriver qu'à un débit de 6 à 7 liv. de sel par tête d'habitant *des provinces voisines des pays libres ou rédimés*, etc. etc., et que sur les seuls confins de la Bretagne, il se faisoit annuellement. . . . . 3,700 saisies ;
On y confisquoit. . . . . 1,111 chevaux ;
plus. . . . . 50 voitures.

La sévérité qu'on exerçoit n'empêchoit
pas. . . . . 10,500 hommes,
femmes et enfans de faire la contrebande,
ce qui peuploit les galères du. . . . . . . 6ᵉ des forçats.

Il faut ajouter à tout ceci la fraude qui avoit lieu dans les pays de petites gabelles.

Ce simple aperçu ne suffit-il pas pour démontrer que la consommation du sel s'élevoit à plus de 15 livres ; que je ne l'exagère pas en la portant à 18 livres, et que, lorsque nous l'avons vue énoncée dans les derniers comptes rendus des finances et du ministère de l'intérieur pour une quantité d'environ 13 livres par tête d'habitant, les résultats qu'on a transmis à ces deux ministères étoient erronés ?

(1) Si je me reporte aux tableaux de population de la

Préjudice porté à l'agriculture par l'augmentation que l'on a fait subir à la taxe sur le sel, et dangers résultans du rétablissement de la contrebande, à laquelle cette augmentation donneroit lieu.

La taxe à imposer sur une matière première aussi essentielle, *et dont on ne sauroit trop encourager*

France présentés au corps législatif par le ministère de l'intérieur, je verrai que les départemens composant la France en 1789, comptoient en 1813 une population de   28,786,941
à laquelle il conviendroit d'ajouter celle du département de Vaucluse   205,832

                     .Total,   28,961,773

qui est le résultat des états de population, envoyés par les préfets, et par conséquent exacts et très-positifs. Alors le produit de la taxe sur le sel, à 2 s. la livre, et en supposant une consommation de 18 liv. par tête, évalué en raison d'une population de 24 millions d'habitans, s'éleveroit, pour une population de 28,992,775 individus, à 52,186,989 f.
c'est-à-dire à 8,986,989
de plus que la somme énoncée dans mon calcul 43,200,000

Si on trouvoit exagérée la consommation de 18 liv. par tête d'habitant, je dirais que lorsque le sel étoit à 14 s. la livre, la ferme générale évaluoit, notamment, à cette quantité, le sel débité dans la Brie.

En supposant enfin, contre toute espèce de vraisemblance, la consommation de sel à 15 liv., c'est-à-dire à la même quantité que les résultats des évaluations de la ferme générale, et dans lesquels, je le répéterai, ne sont pas compris les sels entrés en fraude, ce produit à 2 s. la livre donneroit pour une population de 24 millions d'habitans, ci 36,000,000
et pour une population de 28,992,773 individus, d'après le relevé que je viens de citer 43,489,159

et favoriser même la consommation, doit être très-modérée. En l'élevant à 4 s. la livre, le dernier gouvernement a porté un grand préjudice à l'agriculture, puisqu'à ce prix, il n'a plus été possible de donner du sel aux bestiaux. Par l'appât du bénéfice que présente cette augmentation sur une denrée qui ne coûte aux marais salans que 10 à 12 s. le cent, la contrebande auroit été enhardie à un tel point, que je suis convaincu *que cette taxe auroit beaucoup moins produit à 4 s. qu'elle n'auroit rapporté à 2 s. A ce dernier prix, l'impôt étoit déjà fraudé ; à plus forte raison l'auroit-il été par le doublement de la taxe.*

Observation sur l'idée qu'on pourroit avoir de la suppression de cet impôt, que je crois convenable de maintenir.

Ne nous laissons pas égarer, ni séduire par des idées systématiques sur cette espèce de revenu public ; n'oublions pas tous les embarras où se jeta l'assemblée constituante, lorsqu'il lui fallut rétablir des impôts pour remplacer ceux qu'elle avoit détruits, *sans qu'on se fût livré à la moindre discussion sur leurs avantages ou leurs inconvéniens, ni sur les moyens de les rendre moins onéreux aux contribuables.*

L'impôt du sel existe : il faut en améliorer la perception, et lui faire rapporter, en même tems, tout le produit dont il est susceptible, en le maintenant définitivement à un bas prix, et en provoquant ainsi une grande consommation.

Je sens qu'une opération de cette importance exige de bien plus grandes explications. J'ai un travail très-étendu sur cette matière, ainsi que je l'ai déjà annoncé, et j'offre de le remettre. J'y démontre tous les avantages qui résulteront de la perception de cet impôt, et j'y réponds à tous les inconvéniens qu'on pourroit alléguer. Dans mon système, le sel sera livré à si bas prix, que nécessairement la consommation en deviendra très-considérable, et que la fraude sur cette denrée ne pourra jamais avoir lieu.

Désirs et regrets de Louis XVI, relativement à l'excessive cherté du sel avant 1789.

En me résumant, je dis : avant la révolution, le prix excessif du sel imposoit de si grandes privations, et donnoit lieu à de si fortes exactions ; ce genre de taxe étoit tellement l'objet d'une grande sollicitude pour Louis XVI, qu'on lui entendoit dire fréquemment : « Qu'un des plus beaux jours de sa vie seroit celui où il pourroit abolir un impôt aussi désastreux », qu'il étoit impossible d'améliorer, à cause des priviléges des provinces ; mais les besoins publics la moralité du monarque, qui lui inspiroit le plus grand respect pour la dette publique, et la nécessité d'acquitter toutes les autres dépenses de l'état, rendoient impossible la suppression d'un impôt qui, dans les pays des grandes et des petites gabelles, produisoit 64,000,000.

Par l'apperçu que je présente, le produit de la taxe sur le sel donneroit au moins 43,200,000.

Tout me porte à croire, je le répéterai encore, que ce produit sera beaucoup plus fort, si la taxe est fixée de manière à lui faire rapporter tout ce qu'on peut en espérer raisonnablement, et si ce genre de revenu public est administré d'une manière aussi utile pour les administrés que pour le trésor public.

Ferme des salines de l'Est.

La ferme des salines de l'Est est portée dans le dernier compte rendu pour un produit de 3,000,000.

OBSERVATION.

Ce genre de revenu public est indépendant du produit de l'impôt perçu sur les salines de l'Est par la régie des droits réunis, et qu'on a déjà vu énoncé pour une somme de 6,600,983. Quelque parti que le Gouvernement adopte sur le sel, il pourra toujours compter sur le produit de la ferme des salines.

TABAC.

Le tabac est porté, dans le dernier compte rendu, comme devant produire 70,000,000 ; en supposant la même réduction que celle résultante des autres articles que je viens de parcourir, cette branche de revenu s'élèveroit à l'avenir à 56,000,000.

OBSERVATIONS.

Le tabac est à un prix trop élevé : il convient de le réduire, et son produit sera dès-lors très-considérable.

Produit de la ferme de tabac avant la révolution.

Avant la révolution, la ferme du tabac donnoit au Roi. 27,000,000
Les pays qui étoient exempts de

(51)

Ci-contre 27,000,000

cette taxe n'étoient pas compris dans
cette somme, ils auroient pu produire
par apperçu , environ 3,000,000

Total du produit qu'auroit pu rendre le tabac. 30,000,000

Il est généralement reconnu que , quoique le tabac fût à plus bas prix que dans ce moment , il étoit d'une bien meilleure qualité , à cause d'une plus grande quantité de tabac de Virginie qu'on mêloit au tabac d'Europe. La taxe actuelle , d'après les calculs que je viens d'énoncer , en supposant la limitation du territoire français , et sa population réduite à 24,000,000 d'habitans , s'élèveroit à 26,000,000 au dessus de l'ancien produit. Je croirais dès-lors qu'il seroit extrêmement utile de réduire le prix actuel et de l'établir à un prix moins élevé que dans ce moment.

En général , ce n'est pas en exagérant le tarif sur des objets de consommation , qu'on doit se flatter de retirer de forts produits des impôts indirects. Suivre ce principe , c'est commettre la plus grande erreur qu'on puisse imaginer en finance, parce que les taxes excessives imposent aux peuples des privations continuelles , et les excitent à frauder les droits, ce qui entraîne une grande immoralité. Il est reconnu, au contraire, que les impôts indirects *modérés et divisés autant qu'il est possible*, produisent davantage par les jouissances que se donnent les peuples en consommant beaucoup. Je suis persuadé que le tabac rapportera de très-forts produits , en en diminuant le prix.

Une grande question se présente sur les avantages

4*

du monopole du tabac, ou sur la fabrication et la vente libres de cette production.

Des fabricans de tabac, qui dès la suppression des fermes générales, avoient formé des manufactures très-considérables dans ce genre, m'assuroient, à l'époque où l'on adopta le système du monopole, que le fisc pourroit retirer, à peu près, le même revenu de cet impôt, en laissant la fabrication et la vente libres du tabac; ils ajoutoient même qu'ils en feroient la soumission.

Si la chose pouvoit être ainsi, et si, par l'engagement de ces fabricans, on étoit assuré d'un produit de 30,000,000, tel qu'il auroit pu être avant la révolution, toutes les provinces étant assujetties à cette taxe, je pense que ce dernier moyen seroit préférable à celui du monopole, qui entraîne avec lui de très-grands inconvéniens, et qui nécessite, en même temps, des frais trop considérables et une grande surveillance, tant pour la culture que pour la vente, aussi inquiétante pour le Gouvernement que pour les contribuables.

Cependant ce produit seroit-il même de quelques millions, au-dessous de celui que donneroit le monopole, que je croirois qu'il conviendroit de lui donner la préférence.

Si je jette les yeux sur les anciens comptes rendus lorsque la fabrication et la vente du tabac étoient libres, je verrai dans l'exercice de 1809, que, par les divers droits alors établis, les tabacs produisoient. . . . . 18,177,424 f.
et que le droit de cette production
pour les tabacs exotiques, perçus
par les douanes, pouvoient s'élever à   2,312,618
―――――――――

Total . . . . 20,490,042 f.

A cette même époque, j'ai eu aussi occasion de voir des fabricans de tabac, et ils m'assuroient qu'ils se soumettroient à acquitter une bien plus forte somme que celle de 15,585,499 f. , qui étoit la part qu'ils supportoient directement sur les 18,177,424 f., ci-dessus énoncés, si on leur laissoit beaucoup plus de latitude dans leur fabrication et dans leur débit. Cette mesure de la libre fabrication du tabac ne devroit cependant avoir lieu, qu'autant qu'on se seroit assuré de la perception d'une somme à peu près correspondante au produit existant avant la révolution : car il est impossible qu'on puisse se passer de ce genre de revenu public.

J'ajouterai qu'en laissant la plus grande liberté à ce commerce , on ouvriroit un grand débouché vers l'étranger dans ce genre d'industrie, parce que, sans exception , nos tabacs par leur excellente qualité et la perfection de leur fabrication , ont toujours eu la préférence sur tous ceux que l'on fabriquoit en Europe.

POUDRES ET SALPÊTRES.

Cet objet est énoncé dans le dernier compte rendu pour un produit de 500,000 f.

OBSERVATION.

Différence en moins de ce produit , avec celui que donnoit avant la révolution ce genre de revenu public

Si je jette mes regards sur les comptes précédens, j'y verrai les poudres et salpêtres portés pour un produit égal à celui que je viens de citer.

Si, d'une autre part, je me reporte aux produits que donnoient, avant la révolution, les poudres et salpêtres, je trouverai qu'ils étoient énoncés dans les comptes rendus pour une somme de. . . . . 800,000 f.

Je ne puis pas concevoir les motifs d'une telle diminution de recette sur un produit de cette nature, sur-tout en le mettant en rapport avec l'accroissement du territoire français. Je le porterai à la même somme qu'avant la révolution.

Bénéfice des monnaies, et résultat des fabrications, avant la révolution.

Dans le compte rendu de 1813, on ne voit pas figurer, comme revenu public, le bénéfice des monnaies. Je n'ai pas pu connaître les motifs de cette omission.

Si on se reporte à tous les anciens comptes rendus, on verra que ce genre de revenu public, qui est indépendant de l'impôt, s'élève annuellement à. . . . . 1,000,000 f.

Dans les comptés rendus antérieurement à la révolution, le bénéfice des monnaies étoit évalué à. . . . . 500,000 f.

Je le porterai comme revenu public à cette même somme.

OBSERVATION.

Une paix solide et durable va enfin permettre que les relations commerciales s'établissent non seulement avec le continent européen, mais encore avec les contrées les plus éloignées. Alors nos hôtels des monnaies seront dans la plus grande activité; nous verrons encore leur administration

en état de réduire, comme elles faisoient autrefois ;
une partie du droit appartenant au Souverain., en
faveur des maisons de commerce ou de banque qui
désiroient faire fondre , pour leur compte , des lin-
gots ou des piastres venant de l'étranger. Avant la
révolution , on évaluoit à 45 millions l'augmentation des espèces métalliques, fabriquées annuellement dans nos hôtels des monnoies. Sur cette
somme , 4 à 5 millions pouvoient sortir de France.
Mais il n'en résultoit pas moins une balance favorable à l'augmentation de la monnoie en circulation,
et il n'en faudroit pas davantage pour démontrer
quels étoient les avantages de notre commerce avec
l'étranger : car ce n'étoit pas gratuitement qu'il
importoit une aussi forte quantité de métaux.

Nous voyons page 95 du dernier compte rendu ;
que dans l'espace de dix années les hôtels des monnaies ont fabriqué au moyen des espèces venues
de l'étranger , pour. . . . . . .   690,408,316 f.
Il convient de déduire de cette
quantité les monnaies fabriquées
à Genève , à Rome , à Turin et à
Utrecht , ci.   6,636,180

Restera pour les anciens hôtels
des monnaies de la France. .   .   683,772,136 f.

Terme moyen de dix années.   68,377,213
ce qui auroit élevé les fabrications
à..   23,377,213
de plus qu'avant la révolution , et
qu'on a vu que j'ai porté à. . .   45,000,000

Je m'abstiendrai de toute observation sur l'im-

portation d'une aussi forte quantité de métaux,
qui ne l'a pas été d'une manière aussi juste, ni
aussi utile pour la France, que les 45 millions
qui alimentoient nos anciens hôtels des monnaies.
À en croire le rapport des personnes venues des
armées, ainsi que celui des voyageurs, l'exporta-
tion a dû être beaucoup plus considérable que les
5 millions que j'ai cités comme sortant de France
avant la révolution, puisqu'ils assurent que la plus
grande partie des espèces en circulation sont des
monnaies de France.

Opinion de quelques économistes sur les bénéfices des monnaies.

Des économistes ont souvent élevé la question
de savoir, s'il étoit plus utile que préjudiciable de
maintenir un droit sur la fabrication des monnaies;
et par la raison que ce droit n'existe pas en Angleterre, certains d'entre eux ont cru qu'on devoit
le supprimer en France.

Ce n'est pas le moment de discuter une pareille
question : je me bornerai à dire que, depuis bien
longtemps, ce genre de revenu public a existé en
France, et qu'il n'a porté aucun préjudice au commerce, et à l'activité de la circulation des espèces
nécessaires *au payement de l'industrie, aux appoints du commerce et à nos divers besoins* : car
c'est sous ce seul point de vue qu'il faut considérer
les espèces métalliques. Alors il étoit reconnu que la
France étoit la nation qui possédoit le plus de monnoie, quoique, généralement parlant, on ne vît alors
dans la circulation que très peu d'espèces en or.
Quelque persuadé que l'on pût être, que les béné-

fices des monnoies ne devroient pas être un revenu public, je crois qu'il faut le maintenir.

POSTE AUX LETTRES.

La poste aux lettres a dû produire, d'après le dernier compte rendu. . . . . 12,000,000 f.
Plus, applicable à la construction
du nouvel hôtel. 1,000,000
____

13,000,000 f.

OBSERVATION.

Différence, en moins, de ce produit avec celui qui avoit lieu avant la révolution, d'après l'étendue du territoire et l'augmentation de la population.

Cette espèce de revenu public qui provient d'une institution très-utile, ne sauroit être considéré comme un impôt. Avant la révolution, les sommes qui étoient versées au trésor public, au moyen de la poste, s'élevoient à. . . . . 8,400,000 f.

A cette époque, les ports des lettres étoient très-modérés ; on évaluoit la population de la France à environ 24,000,000 d'habitans.

D'après les rapprochemens que l'on peut faire du prix des ports de lettres qui a presque doublé, et de l'augmentation de la population que nous avons vu s'élever à 42,700,000 habitans, dans le dernier état de situation de la France, il est inconcevable que le produit de la poste aux lettres ne monte qu'à 4,600,000 f. au-dessus de ce qu'il rapportoit autrefois, c'est-à-dire, à 2,400,000 f. de plus relativement à l'étendue de notre ancien territoire.

Apperçu des pertes qu'a dû éprouver le commerce pendant la révolution, en prenant pour point de comparaison la diminution des produits de la poste aux lettres.

En fixant son attention sur ce produit, il est facile de s'appercevoir des pertes considérables qu'a dû éprouver le commerce de la France, dans les dernières années de l'existence du Gouvernement renversé ; car, d'après le tarif actuellement existant, si les relations commerciales avoient été les mêmes qu'avant la révolution, ce produit eût été immense.

Apperçu d'une grande opération projettée avant la révolution sur la poste aux lettres.

Cette branche de revenu public est susceptible de bien grandes améliorations; elles étoient projettées avant la révolution, et nous en jouirions depuis long-temps sans cet événement qui a rejeté loin de nous toutes les idées et tous les projets utiles conçus jusqu'alors.

Ce genre de produit est d'autant plus important, qu'il ne provient pas de l'impôt, ou qu'on peut le considérer comme un impôt volontaire. J'ai souvent remarqué la satisfaction des maisons de commerce en recevant une quantité considérable de lettres; et j'ai aussi été témoin de la peine qu'elles éprouvoient lorsque le courrier étoit peu chargé. Il est encore généralement reconnu qu'il n'y a pas de dépense qu'on fasse avec moins de regret que celle du port des lettres. Il seroit donc très-utile d'élever ce produit à la somme dont il est suscep-tible.

Si l'administration le désire, je pourrai donner à ce sujet les détails de l'opération projétée sous le ministère de M. de Calonne, et à la réussite de laquelle ce ministère attachoit le plus vif intérêt, puisqu'il devoit augmenter considérablement ce genre de revenu public.

LOTERIE.

Cette branche de revenu est portée dans le der-nier compte rendu, page 81, à.   16,531,084 f.
Les frais, dans lesquels ne sont
pas compris le payement des
lots gagnans, s'élèvent aussi à   6,558,327
                                        —————————
Total versé par les joueurs. . .   23,089,411 f.

OBSERVATION.

Différence de ce produit avec celui qui avoit lieu avant la révolution.

Si je considère ce genre de revenu public d'après l'ensemble de ses recettes et le produit net versé au trésor public, et si, d'après mon systême, j'en déduis le cinquième que je suppose être versé par les pays réunis à la France, je trouverai dans la première hypothèse, que la loterie surcharge une grande partie des habitans du territoire de

l'ancienne France, d'une somme de   18,471,729 f.
et que le produit net de cette re-
cette peut aussi représenter pour
l'ancienne France.   12,224,868
Reportons-nous actuellement aux
anciens produits versés au trésor
public au moyen des loteries.
Nous les verrons figurer dans les
comptes rendus avant la révolution, pour   7,000,000

Augmentation. . . . . . .   6,224,868 f.

Observation sur ce genre de produit que je crois
devoir être supprimé.

Cette branche de revenu public, quoique considérée comme volontaire, peut-elle encore entrer
dans le compte de nos recettes ? Ce serait là une
grande question à discuter, et qui m'entraîneroit trop
loin dans ce moment. Mais s'il m'étoit permis d'é-
mettre une opinion à cet égard, je proposerais la
suppression d'un revenu public qui n'est fondé que
sur la gêne, et trop souvent sur la ruine des familles.

Lorsqu'on a administré, et qu'on a inspiré assez
de confiance pour que des familles vinssent vous
communiquer les motifs de leurs embarras, occa-
sionnés par l'appât que présente le jeu de la loterie, il est assez difficile, à quelques sommes que
paraissent s'élever ces sortes de produits, qu'on
puisse avoir une opinion favorable d'un genre de
recette qu'il est si facile de remplacer par des taxes
supportables et plus morales à la fois.

DROITS RÉUNIS.

Énoncé de ce produit, et comparaison avec ceux de l'ancienne régie générale.

D'après la page 82 du dernier compte rendu, le produit des droits réunis, sans y comprendre ce qui est relatif au tabac (objet de revenu dont j'ai déjà parlé), s'est élevé à 123,849,426

La recette des droits spéciaux énoncés aussi dans le même compte, s'élève à 7,146,116

Total   130,995,542

Il convient de déduire de cette somme celle provenant du produit de la taxe des sels de l'Est, versée par l'entreprise des salines, et dont j'ai fait emploi en parlant de la taxe sur le sel 6,900,983

Il restera alors 124,394,559

Les dépenses de tout genre se sont élevées à 33,363,903

Nota. Dans cette somme les appointemens ou taxations sont énoncés page 83 pour 27,782,638.

Les frais d'exploitations ou taxation des droits spéciaux, ainsi que les restitutions des droits et les versemens au domaine extraordinaire, pour sa portion des produits de l'octroi du Rhin, à 1,427,881

34,791,787

Produit net   90,602,775

Apperçu et frais de perception de cet impôt.

Ce simple aperçu, qui établit une dépense au moins de 27 pour cent sur la recette, de laquelle j'aurois pu encore déduire 4,816,786 fr., provenant du droit de 10 pour cent des octrois, ainsi que d'autres recettes qui ne coûtent point de frais de régie; ce simple apperçu suffit pour démontrer combien cet impôt étoit onéreux : et que ne pourroit-on pas dire, si l'on entrait dans tous les détails sur la manière dont ce droit est perçu?

Parmi les objets qui font partie de la recette des droits réunis, il en est qui ont toujours été compris dans les recettes publiques. Nous les voyons énoncés page 82 du dernier compte rendu,

SAVOIR :

Voitures publiques; décimes compris	2,168,076
Matières d'or et d'argent, *idem.*	1,139,447

Nota. Ce dernier objet représente le droit de contrôle anciennement établi.

Cartes.	737,520	
Timbre.	1,148,145	3,520,487
Amendes.	386,141	
Bacs et passages d'eau..	1,248,681	

	6,828,010

Droits qui n'existoient pas avant la révolution.

Dixième du prix du transport des marchandises.	586,889	4,465,502
Navigation intérieure.	3,878,613	

	11,293,512

En déduisant le cinquième, ce produit s'élèveroit à.	9,034,810

Nota. Ce dernier article de recette est perçu d'une manière très préjudiciable au commerce. Ce droit est cependant très-bon en lui-même, à cause de l'emploi spécial auquel il est destiné ; je crois qu'il faut le maintenir. Rien n'est si facile que de rendre cette perception très - supportable pour le commerce ; je me suis livré à un travail particulier à ce sujet, ainsi que sur l'amélioration de la navigation de nos rivières. Je démontre dans ce travail la nécessité de faire un emploi utile de ces fonds, ainsi que les moyens de les augmenter, sans recourir à l'impôt. Les rivières causent annuellement de si grands ravages ; elles enlèvent à l'agriculture tant de terreins très-productifs (ce qui diminue, nécessairement, la matière imposable), que de telles dévastations seront toujours de grands objets de sollicitudes pour les gouvernemens.

Sommes produites par les liquides.

Les autres objets qui donnent lieu aux principales recettes des droits réunis, consistent dans les liquides ; ils s'élèvent, ainsi que nous le voyons page 82 du dernier compte rendu.

SAVOIR :

Divers droits sur les vins. . . .	87,247,000
Sur les bierres.	17,263,553
Distillation.	1,095,328
	105,605,070

Si je mets ce produit en rapport avec l'ancienne étendue de la France, et qu'en suivant mon sytême, j'en déduise le cinquième,

je trouverai que cette perception
représente pour l'ancienne France
un produit brut de. 84,484,056

*Comparaison entre les produits
des droits réunis, et ceux qui
étoient perçus avant la révolution par la régie générale.*

Afin d'établir une comparaison avec
les perceptions faites par la régie générale existante avant la révolution, il convient d'ajouter les autres
droits dont j'ai précédemment parlé, et qui sont perçus par les
droits réunis ; ils sont évalués, sans
y comprendre les nouveaux droits,
pour un produit de. . . 5,462,498

Pour pouvoir balan-
cer, à peu près, avec les
anciens droits, dont je
parlerai dans un mo-
ment, ceux perçus par   9,823,810
la régie existante, j'a-   ─────────
jouterai les droits nou-   93,618,866
vellement établis, et
qui peuvent repré-
senter pour l'ancienne
France. 3,134,810

L'impôt établi sur tous les objets
perçus par l'ancienne régie générale,
et qui consistoient en droits sur les
boissons, les viandes, etc., sur les
ouvrages d'or et d'argent, les fers,

D'autre part..... 93,618,866

les cuivres , les cartes , le papier et l'amidon , nous trouverons qu'il s'élevoit en produit brut à 51,500,000

Plus, pour droits de cette même nature , abonnés aux villes ou aux provinces. . . . 8,000,000

Plus , les droits affermés ou en régie par les pays d'état , etc. . 10,500,000

70,000,000

Nota. Je serois fondé à déduire de ces divers produits beaucoup d'objets alors assujettis à l'impôt , et que l'on en a exemptés avec justice ; mais pour ne pas être accusé d'exagération, je porterai aux mêmes sommes que celles énoncées aux comptes rendus , avant la révolution , les produits de l'ancienne régie générale. En les comparant à ceux énoncés ci-dessus, et perçus par les droits réunis, je trouverai la nation française accablée d'une augmentation de taxe insupportable , gênante pour le commerce , nuisible à la reproduction , et s'élevant à la somme de. 23,618,866

Opinion concernant la perception du droit sur les liquides.

Faut-il renoncer à la totalité de ce droit , ainsi qu'à un impôt sur les liquides ? c'est ce que je ne saurois croire , parce qu'on ne peut pas s'en passer dans les circonstances actuelles ; mais je pense qu'il faudroit se borner à faire subir de grandes diminutions à ces droits, à en simplifier la perception, de manière qu'ils ne soient ni onéreux, ni gênans pour le commerce, et à les rendre en même tems supportables pour les consommateurs. Les détails dans lesquels je devrois entrer pour établir combien il seroit facile d'obtenir de tels résultats, m'entraîneroient trop loin, dans un moment où je dois me borner à présenter le simple aperçu de nos dépenses et de nos recettes. J'offre de remettre un travail concernant la manière de prélever l'impôt sur les liquides, et relativement à la modicité des frais de perception. Ce que je dirai à ce sujet, sera fondé sur l'expérience.

Ce genre d'impôt à toujours existé; et sa perception, en la rendant la plus supportable possible, satisfera les consommateurs.

En réduisant, autant que je l'ai fait, la perception des droits réunis, en simplifiant, autant qu'il sera possible, ce genre de recette à effectuer à l'avenir, je n'ai pas dû oublier cette immense quantité d'employés, occupés de la perception des diverses taxes attribuées aux droits réunis, et dont une grande partie sera réformée. Ces employés seront des objets de sollicitude pour le gouvernement. Je pense qu'il conviendroit de leur accorder quelques mois d'appointemens, pour leur faciliter les moyens de se placer d'une toute autre manière; il seroit même de toute justice de les utiliser de préférence dans la perception des taxes qui seront établies, ou dans celles existantes, lorsque l'occasion s'en présentera (1).

---

(1) Lorsque les droits réunis furent créés, j'eus occasion de parler de ces genres de taxes à un des ministres; je pré-

Produits à prélever sur les liquides, d'après mon opinion.

Les droits perçus sur les liquides pourroient être réduits d'une somme de 44,484,045, ce qui seroit une diminution très-sensible, et cette taxe donnera un produit de 40,000,0000.

Je le répète ici, d'après l'expérience, la perception de ce produit peut se faire avec peu de frais, sans occasionner la moindre entrave au commerce, et sans trop renchérir la denrée pour le consommateur.

Arrérages de rentes dont la caisse d'amortissement est propriétaire.

Je porterai aussi comme recette publique la somme de 4,952,968 fr. que l'on voit figurer, page 203 du dernier compte rendu, comme arrérages de rentes appartenant à la caisse d'amortissement, dont j'ai parlé, pour les destiner à l'amortissement réel d'environ 38 millions de rentes, qui peuvent appartenir à divers créanciers de l'état. Au moyen de cette somme, le gouvernement n'auroit besoin de faire des fonds, sur l'impôt, pour réali-

---

voyois dès-lors les difficultés qu'éprouveroient ces sortes de perceptions. Dans notre entretien, ce ministre me dit qu'on se feroit difficilement une idée de la quantité d'individus qui se faisoient inscrire, pour occuper des places dans cette régie. « C'est un très-grand malheur, lui répondis-je : car rien » n'annonce autant la stagnation de l'industrie, ainsi que la » cessation du commerce. Si l'on s'adresse à vous pour s'oc-» cuper dans une profession de cette nature, c'est parce qu'on » ne trouve pas le moyen de se placer ailleurs ».

ser une mesure aussi utile au crédit public et particulier, que pour une somme de 7,047,052 fr.

OCTROI.

A en juger par la recette de 10 pour cent sur les octrois, que nous voyons portée, page 82 du dernier compte rendu, pour une somme

de 4,816,786

La totalité de ce genre de recette imposé sur les communes où les octrois sont établis, doit s'élever à. . . 48,167,860

ou à. 52,984,646

si les 10 pour cent, dont je viens de parler, sont pris en dehors, et c'est ce que je n'ai pas pu savoir encore.

L'établissement de ces 10 pour cent a eu pour motif la possibilité d'ajouter à la ration du pain pour le soldat, et de lui distribuer du pain blanc pour tremper sa soupe.

Un tel emploi de ces fonds a un motif si respectable, que loin de blâmer la mesure, j'en ferois l'éloge ; d'ailleurs cette retenue se perçoit si insensiblement, et elle est si supportable, que je crois qu'il faut la maintenir. Sa recette, en suivant mon système, pourroit être considérée comme un produit

de 3,953,429

OBSERVATION.

Motifs qui ont donné lieu à l'établissement des octrois.

L'établissement des octrois, auquel on avoit ajouté le nom d'octroi *de bienfaisance*, a eu pour premier motif d'arracher les hospices à l'affligeante pénurie à laquelle les avoit réduits des tems malheureux, et dont ils ne se seroient pas si ressentis, si leurs différentes propriétés avoient été plus respectées.

Le second motif de l'établissement de cet impôt fut aussi la dépense nécessaire aux divers besoins des communes.

La main fiscale de l'administration s'est encore appesantie sur la recette des octrois de certaines villes, à un tel point, que des officiers municipaux m'ont sssuré que, faute de versement de la portion des droits d'octroi qui étoit attribuée aux hospices, on n'avoit pas pu y recevoir des pauvres ; et dans quel tems encore avoit-on été obligé de fermer ces asiles à l'humanité souffrante ! ! ! ! !

Les octrois des villes doivent leur être rendus dans toute leur intégrité ; c'est un revenu , en quelque sorte patrimonial, sur lequel l'administration doit se borner à porter une attention toute paternelle. Il seroit même très-préjudiciable de donner trop de latitude, à cet égard, aux municipalités, parcequ'on courroit le risque d'une diminution de produit, quoique cependant les droits fussent perçus sur les contribuables. L'observation que je fais dans ce moment, est fondée sur l'expérience.

Le dernier gouvernement, convaincu de ce genre de dilapidation , adopta la mesure générale du *fermage des octrois* , préférablement à celui de la *régie municipale*. En général , et sans ajouter aux tarifs, le fermage éleva le produit des octrois des communes à un bien plus fort revenu que celui de la régie. Qu'il me soit permis de citer un exemple personnel. Lorsque j'administrois , je mis en adjudication la recette d'un octroi, qui, depuis son établissement, avoit été régi par la municipalité, il ne produisoit qu'environ 22,000 fr., et par conséquent, une somme insuffisante pour acquitter les charges qui avoient motivé son établissement. La première adjudication que j'en fis, sans aucune augmentation au tarif, éleva la ferme à environ 52,000 f. fixes, plus une part dans les bénéfices excédant cette somme.

OBSERVATION GÉNÉRALE.

Les tarifs des octrois sont vicieux : certains droits sont trop élevés sur plusieurs comestibles, ce qui impose de trop fortes privations à la classe laborieuse ; ils diminuent la consommation, et ils favorisent beaucoup trop la contrebande. Il vaut mieux diviser ce genre de recette sur tous les objets qui peuvent y être assujettis, que de les faire trop frapper sur les denrées de première et indispensable nécessité. J'ai souvent fait ces observations, sans jamais avoir pu fixer l'attention des personnes qui administroient cette partie. Je ne doute pas que les octrois, dont la perception a un motif très-utile, ne deviennent des motifs de sollicitude pour le gouvernement, et que ce genre de perception ne soit aussi amélioré.

DOUANES.

Dans les différens comptes rendus, les produits des douanes sont énoncés pour une somme de 100,000,000 ; et si on examine les comptes détaillés, tels, par exemple, que ceux de 1811, on verra, page 74, ce genre de recette s'élever jusqu'à. 108,230,217

Et les dépenses de toutes espèces
y sont énoncées pour. 28,865,013

Produit net 79,363,204

Ce qui établit encore pour l'ancienne France, en prenant la totalité du produit brut, une somme
de. 86 584.174
et de. 65,592,162
si l'on prend le produit net.

OBSERVATIONS.

Cette somme, beaucoup trop considérable pour
un impôt de cette nature, ne provient ni de la
multiplicité d'objets de commerce introduits dans
nos ports, ni des jouissances que nous nous sommes
données par des consommations dont l'habitude nous
a fait en quelque sorte un premier besoin, et que
nous acquittions à nos colonies ou à l'étranger, en
leur envoyant, en échange, des produits de notre
sol ou de notre industrie.

Ces 108,230,217, produits par les douanes, pro-
venoient, au contraire, de l'impôt excessif établi
sur les denrées *prétendues venues de l'Angleterre*;
taxe exorbitante qui, réunie à tous les genres d'entraves dont un mauvais génie puisse garotter le commerce, imposa des privations à toutes les classes
des citoyens, tant en santé *qu'en maladie*; impôt
qui a offert un tel appât à la contrebande, qu'elle a
dû faire entrer beaucoup de denrées qui, vendues
comme ayant acquitté l'impôt, ont nécessairement
ajouté, au détriment du trésor, et au préju-

dice des contribuables à la somme que je viens de désigner.

Lorsque , par le moyen des douanes , on croyoit pouvoir établir une balance de commerce de 70 million , en faveur de la France, les produits *des traites extérieures* , dénommées aujourd'hui *douanes* , s'élevoient à. 12,000,000

C'est-à-dire , à 53,592,163 de moins en surcharge , à tous égards insupportable , que les taxes établies lors du système continental.

J'ai dû faire ce calcul , et me livrer à ces observations, pour démontrer l'énorme différence qui existait entre la perception lors du Gouvernement antérieur à la révolution et celle ordonnée par le dernier Gouvernement ; et si j'ajoutois à cette somme le *droit de licence* , que nous ne voyons pas figurer dans les différens comptes rendus , les frais que faisoient les maisons de commerce de nos villes maritimes pour envoyer exprès à Paris solliciter la faveur d'une licence , dépenses extraordinaires qui renchérissoient nécessairement le montant des cargaisons , il ne seroit pas surprenant , je le répéte , d'avoir vu la classe peu fortunée des citoyens forcée de s'imposer la privation de plusieurs objets , au prix desquels il lui étoit impossible d'atteindre.

Je ne me permettrai pas de fixer la somme que nous pouvons obtenir des douanes : une telle appréciation dépend d'un tarif très-détaillé ; elle doit être calculée avec sagesse , de manière à favoriser le débouché des denrées produites par notre sol , en excédant de nos besoins , et celui des objets de notre industrie. Sous ce point de vue , ce genre de recette doit plutôt être considéré comme une faveur à accorder au commerce , que comme un revenu public.

MM. les administrateurs des douanes , que j'ai

vu souvent gémir de l'excès des taxes si préjudiciables
à la prospérité de la France, et qui en fesoient faire
la perception avec tant de peine , ont des connoissances étendues sur cette matière ; je suis persuadé
que leur travail sera combiné d'une manière propre à concilier les intérêts des citoyens, du trésor de
l'état, et ceux des diverses nations avec lesquelles
nous allons rétablir des liaisons d'amitié et de commerce (1) ; c'est un hommage que je me plais à rendre à MM. les administrateurs des douanes.

D R O I T   D E   S C E A U.

Ce genre de revenu public , que je ne saurois appeler impôt, ne pouvoit pas en quelque sorte être
établi sous le dernier gouvernement, à cause de
l'incertitude dans laquelle étoient tous les hommes
en place, qui, quelque services qu'ils eussent rendus,
ou qu'ils eussent été en état de rendre , et qui, sans
avoir été entendus, étoient les victimes d'un premier mouvement de caprice , ou d'une délation ,
presque toujours mensongère ; tels sont les motifs qui s'opposoient à l'établissement du droit
de sceau ; mais dans ce moment, je ne vois aucun
motif qui puisse faire différer cette perception sous
un Gouvernement juste qui veut que les places soient
inamovibles , à moins qu'on n'ait réellement dé-
mérité.

Le droit *de sceau*, établi sur toutes les places
auxquelles nomme le souverain , et *de petit sceau*
sur toutes celles qui sont à la nomination des administrations, ajouteroit à nos ressources ; et ce seroit avec satisfaction que chaque citoyen *acquitteroit ce droit volontaire.*

Le droit de sceau existoit avant la révolution,

____

(1) Voyez la note de la fin. 2

sous la dénomination de *marc d'or*, et il produisoit
1,700,000 fr. : la situation actuelle des choses ren-
droit cette perception beaucoup plus productive.

Il est indispensable de donner de nouveaux titres
a tous les hommes en place, et de leur retirer ceux
qu'ils ont aujourd'hui. La première année, le droit de
sceau ou de marc d'or, que dans les circonstances
présentes, je le répéte, on paiera avec satisfaction,
produiroit une somme considérable (1).

TAXE D'ENTRETIEN DES ROUTES.

L'établissement de cet impôt étoit très-bon en lui-
même, puisqu'il est juste de réparer ce que l'on
dégrade ; mais cette taxe, étoit perçue d'une manière trop gênante pour le commerce, et très-désa-
gréable pour les voyageurs ; la perception en étoit
encore très-dispendieuse. Il étoit cependant très-
facile de retirer de ce genre de revenu public tout
ce qu'il étoit susceptible de produire, et de remédier, en même temps, à tous les inconvéniens qu'il
entraînoit.

La France ne dut pas la suppression de cette taxe
à des idées libérales : mais à une sorte de transac-
tion faite entre le Tribunat et le ministère, lorsqu'il demanda la taxe sur le sel. En accordant, avec
regret, cette nouvelle perception, devenue toutefois
nécessaire, le Tribunat, qui se croyoit un corps intermédiaire entre le gouvernement et le peuple,
exigea la suppression d'un impôt quelconque. Il
eût été plus avantageux de donner la préférence de
cette suppression à l'impôt des portes et fenêtres ;
mais comme dans sa perception, il produisoit plus,
en apparence, que celui établi sur les routes, on se
décida pour la suppression de cette dernière taxe.

____

(1) Voyez la note 3.

En le combinant avec sagesse, ce genre de revenu public pourroit être très-utile ; on pourroit même diminuer la contribution foncière jusqu'à la conurrence de la somme qu'il produiroit.

Récapitulation des divers objets de recettes que je viens de discuter.

1. Contribution foncière.	193,507,396 f.
2. Contribution personnelle et mobilière.	29,848,383
3. Centimes additionnels aux trois contributions ci-dessus , pour acquitter les dépenses fixes des départemens. . .	17,942,712
4. Patentes.	16,001,590
5. Administration du droit d'enregistrement , hypothèques et bois , etc. . .	149.783,688
6. Sels à 2 sous la livre.	43,200,000
7. Ferme des salines.	3,000,000
8. Tabac.	30,000,000
9. Poudres et salpêtres.	800,000
10. Bénéfice des monnoies.	500,000
11. Postes aux lettres , en réduisant les droits actuellement existans.	8,400,000

12. Objets divers perçus par la régie des droits réunis............. 9,034,810 f.

13. Droits sur les liqui-
des. 40,000,000

$\left.\right\}$ 49,034,810

14. Arrérages de rentes appartenant à la caisse d'amortissement.	4,952,968
15. Dix p. 100 des octrois.	3,953,429
16. Douanes.	12,000,000

562,924,976

La dépense, y compris douze millions qu'on a vu que j'ai destinée pour la caisse d'amortissement, s'élève à. 467,900,000 f.

Dépenses extraordinaires et imprévues. . . . 32,100,000

$\left.\right\}$ 500,000,000

Excédant. 62,914,976

Les perceptions des taxes ou desdivers revenus publics que je viens de discuter, s'élèvent donc de plus que les dépenses, à. 62,924,976 f.

Nota. Si à cause des dépenses arriérées, le Gouvernement trouvoit cet excédant insuffisant pour les acquitter, il pourroit provisoirement augmenter cette somme :

1º **Des portes et fenêtres** dont j'ai proposé la suppression, et qui, ainsi qu'on l'a vu, s'élèveroit à. . . . 15,247,271 f.

2º **Produit des loteries** que j'ai aussi proposé de supprimer, et que j'ai porté à la même somme qu'avant la révolution. 7,000,000

        22,247,271

3º **Le droit de sceau** que je porte pour mémoire, ainsi que les réductions des dépenses dans lesquelles il en est qui s'opèreront annuellement d'elles-mêmes, telles par exemple que les rentes viagères et les pensions du clergé séculier et régulier (1).

        85,172,247

Mais on ne peut pas considérer précisément comme provenant de l'impôt, la somme des produits dans les détails desquels je viens d'entrer, qu'on a vu que j'ai élevés à.... 562,924,976 f. ou à. 585,172,247

---

(1) On a vu, page 5 de cet écrit, que les pensions ecclésiastiques y sont portées pour une somme de 31,000,000.

A l'exception de quelques bois et forêts ajoutés à ceux qui, avant la révolution, formoient le domaine public, nous avons dépensé le capital immense que représentoient la valeur des biens ecclésiastiques, etc. etc. etc., en rendant chaque jour notre position plus pénible, et il nous reste à acquitter annuellement une pension viagère, dans ce moment, d'environ 31,000,000. . . . . . Tel est, en peu de mots, le résultat, en finance, de tout ce qui a eu lieu parmi nous dans l'espace de 25 années.

Si on continue de prélever l'impôt des
croisées, ainsi que le produit de la loterie....
Il convient de retirer sur cette somme
celles qu'on ne sauroit considérer comme
taxes imposées sur les peuples, mais plutôt
comme revenu public, et qui peuvent s'é—
lever environ à. 53,000,000

L'impôt de toute nature s'élèvera donc
à. 532,172,247
en supposant une perception de. . . . 585,172,242
ou à. 509,924,976
en supposant une perception de. . . . 562,924,976

Ce résultat, que je retracerai à la fin de ces
observations, par des tableaux qui établiront
la grande différence existante à l'avantage des peuples et à la satisfaction du Gouvernement, entre
les dépenses et les recettes passées, avec celles à
venir, ces résultats sont, ce me semble, rassurans
pour tous ceux qui concevroient encore quelques
craintes sur la solvabilité de l'Etat, et qui sont trop faciles à se laisser persuader par l'ignorance des hommes
qui n'ont jamais médité sur ces matières, et peut-
être par la malveillance de beaucoup d'autres. J'ai
combattu si souvent, et peut-être avec quelque
avantage, des systêmes aussi dépréciateurs, que
j'ai mis au rang de mes devoirs de renouveler ces
débats, et de porter mes calculs jusqu'à la dernière
évidence.

PERCEPTION DES IMPÔTS.

Est-il préférable de réorganiser les compagnies
financières, telles qu'elles existoient avant la révolution, et qui seroient chargées de la perception de
l'impôt?

N'est-il pas plus utile pour les contribuables et, plus avantageux pour le trésor public, de continuer le mode de perception existant, en y introduisant, tant pour son administration que pour les droits à prélever, les améliorations et l'économie dont ce système est susceptible ?

Telles sont en peu de mots les questions qui se présentent à l'opinion de beaucoup de personnes, et dans lesquelles on croit appercevoir des vues d'intérêt particulier.

Étranger à ce sentiment, je crois devoir émettre mon opinion, et débattre les motifs pour l'adoption de l'une ou de l'autre de ces mesures.

Les partisans du système des compagnies font valoir le crédit qu'elles procureront à l'État, ainsi que l'intérêt qu'elles auront à diminuer les frais de perception, puisque par cette économie elles participeront à une plus forte portion sur les bénéfices présumés, qui, si elles étoient en *régie intéressée*, seroient à partager avec le trésor royal. On peut réduire à ce peu de mots tous les avantages qu'on se flatteroit de retirer des régies intéressées.

Mais si on les compare aux inconvéniens, on ne sauroit être d'une opinion favorable à ce système, pour démontrer ce principe, il suffit de porter son attention sur le mode actuellement établi, et sur l'opinion des publicistes célèbres qui ont éclairé de leurs lumières cette importante discussion.

Rapprochement rapide des divers impôts à prélever pour acquitter toutes les dépenses.

Si le système que j'ai proposé, de la *fixité de l'impôt foncier*, est décidé, sa perception sera si facile et si peu dispendieuse, que je ne vois pas le grand avantage qu'il y auroit à créer des receveurs généraux des finances , qui auroient des préposés dans les départemens pour faire cette perception , avec lesquels ils entretiendroient une correspondance journalière et qu'ils feroient surveiller, ce qui reviendroit au même que dans ce moment. N'est-il pas préférable que cette surveillance continue d'être faite par la trésorerie ?

Quant au crédit à accorder à l'Etat , ne se trouve-t-il pas établi aujourd'hui par le mode des obligations , à époques fixes , des receveurs généraux , et qui sont versées à la trésorerie le 31 décembre de chaque année ?

Le dernier gouvernement n'a-t-il pas obtenu de grandes ressources , *par anticipation*, au moyen de ces obligations ? Il est vrai que , dans l'origine , elles ont été négociées, sur la place, avec beaucoup de perte ; mais en s'adressant à la banque , la trésorerie n'a-t-elle pas eu le moyen de soutenir le crédit de ces obligations , et de remédier ainsi à la dépréciation que les capitalistes avoient établie sur ces effets , qui cependant sont de la plus grande solidité ? Cette liaison d'intérêts n'a-t-elle pas été respectivement utile au trésor public et à la banque , que nous verrons plus que jamais jouir , désormais, de la protection juste et éclairée du Gouvernement ?

Puisque le trésor public a eu par ces moyens des fonds à un bas intérêt , et qu'avec les escomptes qu'elle a obtenus, la banque a pu distribuer des dividendes à ses actionnaires , le crédit de ces oblitions est assuré. Si cet établissement n'avait pas fait ces sortes d'opérations , avec l'esprit de défiance qu'on voyoit régner, quelle dépréciation n'aurions-nous pas vu s'établir sur les actions de la banque ?

Je n'entends pas exclure les divers capitalistes de l'avantage de faire valoir leurs fonds avec le Gouvernement, il est même nécessaire que la chose soit ainsi ; mais lorsque la défiance, ou peut-être l'avidité des propriétaires d'espèces circulantes, les portera à vouloir exiger des escomptes au-dessus des cours nécessaires à la prospérité de l'état, et de toutes les parties de l'économie publique, la préférence doit alors être accordée à la banque, qui se contente d'un intérêt ordinaire.

Les mêmes avantages existent donc relativement au crédit que peut se procurer le trésor royal, au moyen des obligations des receveurs généraux des départemens, comme ils existoient avant la révolution, au moyen des receveurs généraux qui à cette époque résidoient à Paris. Je ne vois pas, dès-lors, par quel motif on changeroit le mode de perception établi pour la contribution foncière, ainsi que le versement de cet impôt à la trésorerie. Ces mêmes observations sont applicables aux autres contributions directes dans le détail desquelles je suis entré déjà.

La deuxième compagnie est celle des administrateurs des domaines, représentés aujourd'hui par la régie du droit d'enregistrement.

Les recettes faites par cette régie consistent en plusieurs objets de nature différente.

Le plus essentiel de tous, puisqu'il n'est pas produit par l'impôt, est celui provenant des coupes de bois et des divers fermages, etc. etc.

Lors de la vente des bois, les adjudicataires souscrivent des lettres de change, qui, par les signatures dont elles sont revêtues, sont de la plus grande solidité. Le receveur général les endosse, ce qui ajoute à leur garantie, et il les envoye ensuite à la trésorerie ; lorsqu'elle est nantie de ce papier, ne lui est-il pas facile de s'en procurer le montant ? Ne peut-elle pas obtenir par ce moyen des fonds à un bas intérêt, si elle n'émet ces effets, dans la circulation, que lorsqu'ils approchent des termes favorables à l'escompte, c'est à dire, à 90 jours.

Les fermages que reçoit la régie de l'enregistrement, sont aussi à époques fixes, et on peut compter sur leur rentrée effective.

Quant au surplus de la recette faite par cette administration, elle s'opère régulièrement : tous les cinq jours, les receveurs généraux sont obligés de remettre aux préfets l'énumération des versemens qui leur ont été faits par les divers préposés de cette administration, et que ce magistrat envoie au ministère. De leur côté, les receveurs généraux en font autant; les directeurs de l'enregistrement envoient aussi de pareils buletins à leur administration.

Quel procédé plus simple adopteroit-on pour connaître positivement le montant de cette recette? Peut-on avoir des rentrées plus rapprochées, et la trésorerie ne peut-elle pas en disposer d'un moment à l'autre?

On a exigé pour ces sortes de versemens, tantôt les obligations des receveurs généraux; tantôt l'envoi des espèces en nature; tantôt on a tiré des bons sur eux, payables à des époques déterminées.

Je pense que ces divers modes sont bien loin d'être les plus avantageux. Dans le payement de l'impôt, dans son versement au trésor public, il ne faut pas précisément toujours envisager le seul intérêt du fisc, mais aussi celui de l'agriculture, de l'industrie et du commerce. Il me semble donc qu'il seroit préférable que les receveurs généraux pussent faire à la trésorerie une partie du versement de l'impôt indirect, *en papier de commerce fait*, pour me servir d'une expression de banque. En adoptant ce procédé, l'argent ne voyageroit pas; il ne perdroit pas *par son frottement une partie de sa valeur intrinsèque*; il resteroit dans les départemens: il y vivifieroit toutes les branches de reproductions, ce qui faciliteroit et adouciroit même le payement de l'impôt. Ce mode de versement de la contribution indirecte à la trésorerie, soit que l'on suive le procédé actuel, soit qu'on adopte en partie celui dont je viens de parler, pourroit-il être plus rapproché au moyen d'une compagnie qui donneroit son crédit? Je ne saurais le penser.

La régie de l'enregistrement, administrée par des hommes qui en font une occupation continuelle, qui par conséquent ont pour eux les résultats de l'expérience, qui ne peuvent augmenter en grades et en appointemens qu'autant qu'ils auront montré le plus d'intelligence, de tels hommes ont le plus grand intérêt à bien gérer; d'ailleurs, leur réputation, l'espoir qui leur est ouvert, entrent pour beaucoup dans leur manière de se conduire pour satisfaire le Gouvernement et les contribuables. Les fermiers, au contraire, sont plus souvent étrangers à ces sentimens; peu leur importe que l'impôt soit perçu d'une manière vexatoire, et qui excite des plaintes, pourvu que, pendant la durée de leur bail, qui est toujours borné, ils en retirent les profits sur lesquels ils avoient compté.

La ferme des salines, le produit des poudres et salpêtres, les bénéfices des monnoies, le dixième du produit des octrois, et les arrérages de rentes appartenant à la caisse d'amortissement (dernier objet dont on a vu que j'ai fait un emploi si utile), ces divers genres de revenus sont ordinaires, et quelques-unes de ces recettes ont toujours été versées directement au trésor public. Le crédit d'une

compagnie ne pourroit jamais en hâter plus promptement la rentrée.

Le sel est une branche de revenu extrêmement
importante, et qui exige un mode de perception dif-
férent de celui qu'on a suivi jusqu'à présent. D'après
le travail très-étendu que j'ai annoncé sur cette
partie, la rentrée de cette taxe seroit de tous les
jours, et son versement au trésor public pourroit
être aussi rapide que celui des autres revenus dont
je viens de parler ; *cette denrée seroit toujours
maintenue à un bas prix, et même au-dessous de
celui que pourroit établir le commerce* Ce bas prix
est nécessaire pour provoquer une grande consommation, et favoriser ainsi les progrès de l'agriculture. Une compagnie n'est nullement nécessaire
pour administrer ce genre d'impôt dans les intérêts
du Gouvernement et dans ceux des contribuables.
J'ai annoncé, je le répète, un travail très-détaillé sur
cette branche de revenu, et que je remettrai si le
Gouvernement le desire.

J'ai réduit à . . . . 40,000,000 f.
le droit que je crois devoir être
prélevé sur les boissons.

Les autres objets perçus par la
régie des droits réunis, consistent,
en partie, en fermages, dont la
perception pourroit être rendue à
la régie de l'enregistrement. Ces
objets réunis donnent des recettes
journalières, s'élevant à. 9,034,810

49,034,810 f.

La taxe à imposer sur les boissons est très-importante ; mais il convient de la dégager, autant qu'il

6*

sera possible , de toutes sortes d'entraves nuisibles au commerce et préjudiciables aux consommateurs. Il seroit possible de remplir à cet égard les intentions du Gouvernement , et d'obtenir une somme fixe sur cette espèce de taxe , sans causer la moindre gêne aux contribuables. J'ai annoncé des détails à cet égard ; ils m'entraîneroient trop loin dans ce moment. J'offre encore de les remettre , si le Gouvernement le désire. Ce travail est aussi le résultat de tout ce que j'ai pu recueillir à ce sujet par mon expérience administrative et personnelle.

J'ai aussi réduit le produit des tabacs à 30 millions , tel qu'il étoit avant la révolution.

De toutes les taxes à établir , c'est peut-être celle qui présente le plus d'inconvénients , à cause du monopole, des frais immenses de fabrication , de la gêne dans la culture de cette plante, ainsi que de la surveillance nécessaire pour réprimer la fraude.

Le tabac , dont la consommation est devenue beaucoup plus considérable depuis la révolution , est à un prix si élevé, sur-tout comparativement au prix de fabrication, que la contrebande en est excessive ; et ce qui la facilite bien davantage, c'est que ce tabac est réellement plus agréable à prendre que celui de la régie.

Je ne saurois trop le dire, ce n'est pas en exigeant de fortes sommes sur les objets de consommation qu'on obtient de forts produits , mais au contraire en favorisant et en provoquant même une grande consommation par des impôts modérés. C'est une vérité tellement reconnue, que les hommes qui se sont livrés à la discussion de ces sortes de matières, n'ont jamais pu concevoir comment la dernière administration de la France avoit pu porter à des prix si élevés, les droits sur

des objets d'une première et indispensable néces
sité (1).

Si le système de la perception de l'impôt sur
les tabacs est établi sur les abonnemens des fabriques , la rentrée de cette taxe sera très-positive,
et à des époques fixes sur lesquelles la trésorerie
pourra compter.

On a aussi vu qu'en réduisant le prix dés
ports de lettres à l'ancien tarif, le produit seroit
de. . . . . 8,400,000 f.

Si on déduit de cette administration les frais des
courriers et de la conduite des malles , c'est de
tous les genres de revenus publics , celui dont la
perception est la plus facile , celui qui souffre le
moins de retard , et dont le versement à la trésorerie doit être si rapide , qu'il seroit assez difficile
d'obtenir de plus grands avantages au moyen d'une
compagnie.

---

(1) Presque tous les Gouvernemens ont cru devoir faire
une branche de revenu public , de la fabrication des tabacs.
Cette taxe étoit autrefois si élevée en Espagne , elle favori-
soit tellement la contrebande , qu'elle ne produisoit presque
rièn à l'impôt. Cependant ce pays est un de ceux où cette
consommation est la plus répandue. La taxe sur cette denrée et les moyens de lui faire rapporter le plus possible ,
furent agités au conseil DU ROI CHARLES III. Le ministre des
finances proposa , *pour pouvoir effectuer de fortes rentrées , de
réduire la taxe de moitié.* Au premier apperçu on rejeta cette
opinion ; mais le ministre raisonna si bien son avis qu'on
finit par l'adopter, et cette taxe produisit subitement beaucoup
plus qu'on n'en avoit espéré.

Personne n'ignore que le thé étoit imposé en Angleterre à
des prix si élevés qu'on l'introduisoit en contrebande , et que
cette taxe ne produisoit que très-peu , quoique la consommation de cette denrée soit très-considérable dans ce pays.
Le ministère proposa un bill qui réduisait beaucoup l'impôt ,
et depuis cette époque cette branche de revenu a éprouvé des
accroissemens remarquables.

Les douannes , rejettées à la frontière , ainsi que Louis XVI l'avoit désiré (puisqu'il avoit ordonné à son ministre d'en faire la proposition à la première assemblée des Notables) les douannes ne doivent pas précisément être considérées comme une branche de revenu public , mais comme une mesure protectrice de l'industrie et du commerce. Faire prélever le produit des douanes au moyen d'une compagnie , ce seroit s'éloigner des motifs dont cette institution doit être la base.

Enfin, tous nos impôts indirects sont susceptibles dans la manière de les percevoir et de les établir, de bien grandes améliorations , qui d'après l'expérience, et sans ajouter aux charges publiques, seroient utiles aux contribuables et au trésor public.

Dans un moment où le produit réel de ces impôts , ne peut pas être bien déterminé , il seroit plus nuisible qu'utile d'en donner la perception à des compagnies qui gêneroient l'administration chaque fois qu'elle voudroit adopter des mesures qui seroient , je le répéte , le résultat de l'expérience.

Mais, me dira-t-on peut-être : « vous avez reconnu l'avantage des fermages , puisque vous avez démontré les bons effets qu'ils ont produits lors de l'adjudication des octrois, qui s'est élevée à des sommes bien plus considérables que lorsque cette perception étoit régie par les municipalités. Vous êtes ainsi en contradiction avec vous-même. » Cette objection , si elle m'étoit faite , ne seroit pas fondée. Il y a une grande différence entre des taxes locales à prélever, qui ont toutes des tarifs différens, et qui ne peuvent pas être bien administrées par une surveillance municipale, exposée à changer d'un moment à l'autre, et celles d'une régie, *qui prélève les mêmes droits sur toute l'étendue de la France.*

Les octrois ont été régis depuis quelque temps par les droits réunis ; et il est bien facile de voir, par la comparaison qu'on peut en faire, s'ils ont donné plus de produits que du temps du fermage.

L'Angleterre a porté la puissance du crédit beaucoup plus loin qu'elle ne pouvoit même l'espérer ; sa dette est si considérable, que le montant des arrérages qu'elle paye avec la plus grande exactitude, égale au moins la totalité des dépenses à venir de la France, *en temps ordinaire*, ainsi que j'en ai donné le détail, page 21. de cet écrit. L'Angleterre a aussi élevé les diverses taxes à des sommes correspondántes à une grande partie de ses dépenses.

La position financière de ce pays, tous les sacrifices en argent que son gouvernement a faits pour contribuer à la paix de l'Europe, démontrent bien que ce n'est par précisément la masse de l'impôt qui accable les peuples ; mais que c'est au contraire le peu de faveur accordée à l'agriculture en ne facilitant pas le débouché de ses divers produits excédant les besoins, et qui seul suffiroit pour mieux cultiver, faire produire bien davantage, et donneroit la facilité de livrer à bas prix les produits du sol, et de provoquer ainsi une grande consommation par les jouissances que l'on se procure ; enfin, le peu de développement de l'industrie, et la gêne qu'on fait éprouver au commerce, sont autant de motifs qui donnent lieu à une gêne universelle.

Que l'agriculture puisse répandre chez l'étranger les divers produits de notre excédant (et la France est si richement dotée dans cette partie !) ; que l'industrie soit aussi encouragée en lui facilitant ces mêmes débouchés ; que le commerce soit florissant ; et dans cette heureuse position, rien ne manquera pour acquitter les dépenses ordinaires et extraordinaires de l'Etat. Mais dans une situation toute opposée à cet ordre de choses que tout bon gouvernement doit redouter, la moindre somme qu'on demande au peuple est accablante, puisqu'il ne peut pas la payer. J'ai eu le courage de dire cette vérité, il y a quelques années, au dernier Gouvernant de la France, qui, dans un entretien particulier que j'avois avec lui, me demandoit mon opinion sur la force des impôts; et à cette époque ils n'étoient pas, à beaucoup près, aussi considérables que dans ces derniers tems.

Je me suis livré à cette digression, et j'ai parlé de l'Angleterre pour établir quels pouvoient être pour un Etat les avantages du crédit, sans qu'on ait besoin de chercher à l'obtenir au moyen des compagnies financières.

Rappelons-nous que l'opinion publique étoit si fortement prononcée avant la révolution, contre presque toutes les compagnies financières, que l'assemblée constituante, ainsi que je l'ai déjà exposé, ne fit en les détruisant, que céder au vœu de l'opinion générale. Si ces compagnies existoient, peut-être tiendrai-je un langage opposé, à cause des événemens fâcheux que leur suppression pourroit entraîner, et de la difficulté qu'il y auroit à leur rendre le capital immense qui leur étoit dû, ce qui seroit de toute justice. Ce fut même ce motif qui empêcha M. de Silhouette d'effectuer cette suppression; elle avoit donc été anciennement projettée. Enfin, les compagnies financières n'existant plus, je ne pense pas qu'il faille les rétablir.

Ces sortes d'institutions n'existent pas en Angleterre, ni, à ce que je crois, chez les autres puissances; cependant tous les genres d'impôts que les besoins publics peuvent nécessiter, sont prélevés dans la Grande Bretagne. Les publicistes ont même fait la remarque

que leur perception est peu dispendieuse (1). Amé-
liorons donc les systêmes existans, et rien n'est si
facile ; nous pourrons nous passer du rétablissement
des compagnies qui, je le répète, seroient un grand
obstacle aux améliorations qui sont dans la pensée
du Gouvernement.

D'après les détails dans lesquels je viens d'entrer
pour établir de quelle manière le versement de
l'impôt se fait au trésor public, il me semble que
s'il avoit besoin d'un crédit, il pourroit se le donner
lui-même, sans avoir besoin de recourir à des compagnies financières. L'Angleterre use de ce procédé
par l'émission des lettres de change de la trésorerie
ou des billets de l'échiquier ; et ces sortes d'effets
venant au secours de l'État, sont de la plus grande
solidité.

Sans partager précisément tous les principes des
divers économistes, ils est cependant des inductions
qu'on peut retirer de leurs écrits, et qui peuvent être
utiles ; je vais étayer mon opinion du sentiment de
ceux qui ont écrit sur la matière que je discute.

« Le crédit a une force qui lui est propre, et il
n'a pas besoin de l'appui *d'une diversité d'agens
qui n'ont part eux-mêmes à la confiance publique*
qu'en raison de leur place et des connections qu'on
leur connoît avec l'administration. Le crédit *est un
des plus beaux attributs des Gouvernemens, quand
cette confiance est due à leur conduite et à leur
bonnefoi* ; et c'est dégrader une noble idée que de
remettre la force d'un empire dans les mains de
quelques particuliers enrichis de ces négligences ;

____

(1) « Les frais de perception des impôts indirects sont
moindres dans la Grande-Bretagne , *que dans la plupart des
autres pays*. Sous l'administration des commis de l'accise , ils
n'étoient guères plus de cinq et demi pour cent. » (SMITH.)

ils ne doivent pas aimer ce qui tend à simplifier l'organisation des impôts, puisque c'est par la multiplicité des ressorts que leur science paraît grande; *ils ne doivent pas même avoir des dispositions à seconder des vues d'administration dans un plan vaste ni général. Enfin, la douceur dans l'exercice de l'autorité est un moyen toujours suffisant lorsqu'on gouverne avec sagesse*, tandis qu'on peut au contraire reprocher à l'esprit de la finance *de s'allier trop aisément aux idées de despotisme et de sévérité*, par le désir de recouvrer les impôts sans aucun obstacle, *et de s'accommoder ainsi de la crainte et de la terreur qu'on inspire aux contribuables*. » NECKER.

Un autre publiciste, dont des hommes honorés de la confiance des gouvernemens ne sauroient trop méditer les écrits, est aussi d'une opinion opposée au système des compagnies financières; je vais copier littéralement ce qu'il nous dit à ce sujet :

« La voie *la plus économique et la meilleure de lever l'impôt, ne peut être celle de l'affermer*. Outre ce qui est nécessaire pour payer la rente stipulée, les gages des officiers de la ferme et toute la dépense de l'administration, il faut que le fermier tire toujours du produit de l'impôt un certain profit, qui soit au moins proportionné aux avances qu'il fait, aux risques qu'il court, à la peine qu'il a, aux connoissances et à l'habileté nécessaires pour manier une affaire aussi compliquée. Le Gouvernement en établissant, sous son inspection immédiate, une administration comme celle qu'établit le fermier, pourroit du moins sauver ce profit, qui est exhorbitant. Pour prendre à ferme une branche considérable du revenu public, il faut avoir un grand capital ou un grand crédit; circonstance qui seule réduiroit à un fort petit nombre les concurrens pour une pareille entreprise. Parmi ceux qui ont ce capital ou ce crédit, les connoissances et l'expérience requises sont encore plus rares, circonstance qui resserre encore davantage la concurrence. Ce petit nombre de gens qui pourroient devenir compétiteurs, trouvent qu'il est plutôt de leur intérêt de se liguer ensemble que d'aller sur les brisées les uns des autres; et quand la ferme est mise à l'enchère, ils s'accordent à ne faire que des offres fort au-dessous sa valeur réelle. Où les revenus publics sont en ferme, les gens les plus opulens sont fermiers. *Leurs richesses seules excitent l'indignation publique, et au lieu de la conjurer, ils ne manquent pas de l'exciter encore davantage* par la vanité qui accompagne toujours les fortunes subites, *et par l'ostentation insensée avec laquelle ils étalent leur opulence* ».

« Les fermiers du revenu public *ne trouvent jamais trop de rigueur dans les lois qui punissent toute entreprise pour éviter de payer l'impôt ;* ils *n'ont point d'entrailles* pour les contribuables qui ne sont pas leurs sujets, et qui, le lendemain de l'expiration du bail, pourroient faire une banqueroute universelle, sans que ces messieurs en fussent fort touchés. Dans les grands besoins de l'état, où le souverain a nécessairement le plus d'inquiétude sur le paiement exact de son revenu, *ils manquent rarement de se plaindre et d'alléguer que, sans des lois plus sévères que celles qui sont portées, il leur sera impossible de payer même la rente ordinaire.* La détresse où se trouve le Gouvernement ne lui permet pas de contester leurs demandes. Les lois concernant les impôts deviennent ainsi de jour en jour plus dures. Les plus sanguinaires existent toujours dans les pays ou la plus grande partie du revenu est en ferme, *et les plus douces dans ceux où la levée des impôts est sous l'inspection immé-diate du Souverain.* Un mauvais prince même sentira plus de compassion pour son peuple, qu'on ne peut en attendre des fermiers de son revenu ; il sait que la grandeur permanente de sa famille dépend de la prospérité de ses sujets, et il ne détruira jamais volontairement cette prospérité pour l'amour de quelqu'intérêt personnel du moment. *Il en est tout autrement des fermiers, dont la grandeur peut être souvent l'effet de la ruine et non de la prospérité du peuple.* » Smiht.

Tout ce que je viens d'exposer, ainsi que les citations que je viens de faire, me paroissent suffisantes pour éloigner toute idée du rétablissement des compagnies financières.

OBSERVATIONS GÉNÉRALES.

Il ne doit pas me suffire de proposer la perception des impôts ou de diverses taxes pour acquitter les dépenses publiques de l'état ; ces calculs arides sont toujours pénibles à lire, puisqu'ils sont relatifs aux impôts d'une nécessité indispensable à prélever sur les peuples : j'ai dû encore, autant qu'il m'étoit possible, mettre au rang de mes devoirs de chercher à calmer la sollicitude du Gouvernement, en lui présentant des moyens de pouvoir acquitter facilement toutes ces taxes, et de manière qu'à l'avenir, je le répéte, l'impôt ne soit considéré que d'après les principes qui dirigent un bon Gouvernement, c'est-à-dire, « comme une portion que chacun donne de son revenu pour avoir la libre et tranquille jouissance de l'autre. » (Montesquieu, *Esprit des lois.*)

Après une grande révolution qui a tout fait sortir de l'ordre naturel des choses, nous avons vu toutes les puissances qui ont éprouvé des bouleversemens, adopter de grandes mesures pour raviver les diverses parties de l'économie publique. De nos jours, nous avons été temoins des avantages subitement produits dans la nouvelle Angleterre, par une grande mesure. Lors de la guerre de son indépendance, ce pays avait eu recours, comme nous le fîmes, à un signe monétaire qui fut encore plus déprécié que le nôtre. Je ne doute pas qu'une question aussi importante ne soit agitée au conseil du Prince : je serais heureux de pouvoir en éclairer la discussion.

L'un des principaux moyens qui se présentent pour obtenir de tels résultats, est celui de la *réduction de l'intérêt*; il ne faut pas se le promettre de la sévérité des lois établies pour la repression de l'usure, mais plutôt de la confiance qui naîtra de notre nouvelle situation. J'ai souvent écrit sur les moyens à employer pour multiplier la circulation des capitaux; circulation qui seule peut élever l'agriculture, l'industrie et le commerce au dégré d'activité et de développement que nous avons le droit d'attendre de la fertilité du sol, de la beauté du climat et de l'intelligence qui est si naturelle aux Français; fertilité du sol et productions variées dont l'étranger s'est fait un premier besoin, et qui avant 1789, contribuaient à accroître tellement nos divers genres de richesses, que la balance du commerce étoit en notre faveur pour une somme très-considérable, et on ne sauroit me contester qu'elle s'augmentoit encore annuellement.

Les détails dans lesquels je devrois entrer pour obtenir des résultats aussi satisfaisans que ceux produits par la baisse de l'intérêt et l'augmentation

de la circulation des capitaux (1), ces détails dépasseroient les bornes que je me suis prescrites
en présentant ces observations. J'ai fait un travail
à ce sujet; je l'ai communiqué à de très bons
esprits, qui ont approuvé toutes les mesures que
je propossois, et dont l'exécution n'étoit même
que différée : je puis le soumettre à la sagesse du
Gouvernement. J'y traite des établissemens à former, *qui seraient volontaires, qui ne coûte-
roient rien à l'administration*, et dont les bons
résultats peuvent épargner au Gouvernement la sollicitude que lui fait éprouver le trop haut prix
de l'intérêt (2).

---

(1) Il ne faut pas seulement entendre par ces mots *circulation des capitaux*, les espèces or et argent, auxquelles tant
de personnes attribuent, si mal à propos, la richesse d'un état,
tandis qu'on ne doit considérer le métal que comme nécessaire aux appoints du commerce, au salaire de la main-
d'œuvre, et pour satisfaire à nos besoins journaliers. Les mots
circulation des capitaux ont une bien plus grande étendue,
puisqu'ils sont relatifs à généralement tout ce que l'on possède et à tout ce qui passe rapidement de main en main. C'est
en économie publique le seul sens qu'il faut attribuer à cette
expression *circulation des capitaux*.

(2) « Pour savoir si un pays est riche ou pauvre, quel est
le degré de ses connaissances et son habileté dans le commerce, il ne faut faire d'autre question que celle-ci : QUEL
EST LE PRIX DE L'INTÉRÊT DE L'ARGENT ? ...... *Traité de
commerce du chevalier Child.*

NOTES.

(1) Je sais que j'ai beaucoup de contradicteurs, relativement à l'opinion que j'émets lorsque je considère nos malheurs comme passagers, et que je me fonde sur la bonté du sol de la France, la variété de nos productions naturelles, dont les nations étrangères se sont fait un premier besoin, et qui, ainsi que je l'exposerai, sans y comprendre les produits de notre industrie, entroient pour une somme très-considérable dans la compensation des objets que nous retirerions de l'étranger.

Je citerai, relativement aux malheurs qui nous sont arrivés, le passage d'un ouvrage dépréciateur de la France, qui fut publié il y a quelques années, *et qui en parlant de l'Angleterre et en exaltant ses ressources, nous est applicable.*

« Sans doute il n'est rien qui ne cédât à un bouleversement aussi extraordinaire *dont la France vient de nous présenter le spectacle effrayant*, avec des accidens imprévus, *des revers qui sortiroient entièrement du cours ordinaire des choses, le dérangement violent de quelques branches importantes de l'industrie nationale*; un bouleversement total de l'état, OU UNE ADMINISTRATION ESSENTIELLEMENT VICIEUSE qui détourneroit les fonds d'amortissement de leur destination légale, et renverseroit l'ingénieux édifice que le ministre actuel (M. Pitt) a si habilement construit, de telles chances pourroient, à la vérité, démentir *tous les calculs favorables à l'Angleterre, anéantir les moyens extraordinaires dont elle dispose aujourd'hui,* ET DÉTRUIRE TOUTE L'ESPÉRANCE D'UN AVENIR PLUS GLORIEUX ENCORE. »

Ce passage est si expressif qu'on ne sauroit mieux rendre les fâcheux effets des malheurs que nous avons éprouvés pendant vingt-cinq années consécutives, et principalement durant les trois premiers mois de cette année.

Après avoir passé par de telles épreuves, quel seroit le sort de l'Angleterre, quelle seroit même sa situation, si elle en eût éprouvé seulement la dixième partie? on vient de nous l'apprendre; et il faut bien que M. *Gentz* fût convaincu qu'il n'y auroit, dans ce pays, aucun moyen de ressources contre de pareils malheurs, puisque lors de la publication de son Ouvrage, il ne put s'empêcher d'avouer *que la ruine*

totale de la nation et du gouvernement britannique seroient les
suites inévitables de si terribles événemens.

En seroit-il de même de la France ? et n'avons-nous pas
été les témoins de tout le contraire, lorsqu'après la paix
d'Amiens nous l'avons vue jouir de quelques mois de tran-
quillité et des avantages si inappréciables de la paix ? Je pourrois invoquer à cet égard l'opinion des étrangers qui s'em-
pressoient de rendre ce témoignage satisfaisant de notre patrie,
dès l'instant qu'il leur fut permis de poser le pied sur ce beau
territoire ; j'invoquerai même le témoignage des Anglais.

J'eus occasion de voir, dans cette circonstance, deux officiers anglais de distinction, qui vinrent s'adresser à moi pour
un léger service que je fus assez heureux de leur rendre. Ils
avoient débarqué à Toulon, et par conséquent ils devoient
traverser toute la France pour s'en retourner chez eux. Dans
le court entretien que j'eus avec ces deux officiers, qui me
parurent très-instruits, je leur demandai comment ils avoient
trouvé la France ; ils me répondirent, avec la plus grande
franchise, que si, en passant à Lyon, on ne les avoit pas con-
duits à la place Bellecour, qui alors étoit encore démolie, ils
seroient arrivés jusqu'au lieu où je causois avec eux, sans
qu'ils eussent vu le moindre signe de destruction révolution-
naire ; que tout étoit cultivé ; que les routes étoient superbes ;
que le caractère affable des Français étoit le même, et qu'ils
n'avoient pas plus entendu parler de nos troubles et de leurs
effets, que s'ils n'eussent jamais existé. Je leur répliquai que
ce tableau seroit le même jusqu'au lieu de leur embarque-
ment, et que Paris les surprendroit bien davantage.

J'eus aussi l'honneur de recevoir le cardinal Caprara,
lorsqu'il vint en France pour le rétablissement de la religion ;
ce prélat n'attendit pas que je l'eusse interrogé pour me faire
connoître son opinion : il fut le premier à me témoigner toute
sa surprise sur la satisfaction qu'il avoit éprouvé en revoyant
la France aussi belle que lorsqu'il y étoit venu pour la première fois ; il ajouta que, d'après ce qu'il avoit lu dans les
papiers publics étrangers, et même dans les nôtres, il s'en
étoit fait une toute autre idée.

Relativement à notre supériorité sur une infinité d'objets, je
pourrois invoquer, avec avantage, les sentimens qu'ont mani-
festés sur la France des Souverains, des Princes, des hommes
d'état, des philosophes, des voyageurs, qui tous ont été inté-
ressés à la connaître sous ses véritables rapports ; leur opinion
seroit unanime ; elle s'accorderoit à établir, sans réplique,
tous nos avantages et nos immenses ressources.

(2) Les nations peuvent être rivales en multipliant les produits de leur agriculture, en perfectionnant leur industrie, en étendant leur commerce, en profitant des découvertes et en les perfectionnant ; elles peuvent enfin parvenir au plus haut degré de prospérité et de bonheur, sans être pour cela ennemies.

On ne m'a jamais vu partager l'opinion de beaucoup de personnes, tant de l'Angleterre que de la France, à qui on entend dire « que ces deux nations sont naturellement ennemies l'une de l'autre » : je ne pourrois pas mieux détruire ce prétendu sentiment de haine réciproque, qu'en retraçant, à ce sujet, l'opinion d'un homme célèbre, dont la pensée, en parlant de la France, ne pouvoit pas même être équivoque.

Repoussant, en 1798, l'opinion de M. Fox, qui déclamoit violemment contre la France, *et l'avoit appelée l'ennemie natu_relle de l'Angleterre*, M. Pitt s'écria « que son esprit se révoltoit à cette assertion, qu'il regardoit comme monstrueuse ; que supposer qu'une nation pût être l'ennemie inaltérable d'une autre nation, étoit une foiblesse qui n'avoit pour fondement ni l'expérience des nations, ni l'histoire de l'homme, et qu'elle n'étoit qu'un satire de la formation des sociétés politiques..... »

« Le traité de commerce, ajoutoit ce ministre, *tend à encourager le commerce entre les deux nations*, à leur communiquer réciproquement leurs goûts et leurs habitudes, à les leur rendre plus chers par les bénéfices mutuels qu'elles en retireront, et à maintenir ainsi entr'elles une heureuse harmonie.... *Si la France*, continuoit-il, *par une disposition particulière de la Providence*, EST DOUÉE PLUS QU'AUCUNE AUTRE CONTRÉE SUR LA TERRE, DES AVANTAGES QUI RENDENT LA VIE HEUREUSE EN FAIT DE CLIMAT, DE SOL ET DE PRODUCTIONS NATU-RELLES, l'Angleterre possède de son côté, graces à sa constitution libre, à l'égale sécurité qu'inspire ses lois, une énergie dans les entreprises, une constance dans ses efforts, qui ont porté graduellement sa prospérité commerciale au point où elle se trouve, et qui lui ont procuré le moyen de fournir à ses voisins des objets qui embellissent la vie, *en échange de l'abondance de leurs productions naturelles*. Ainsi donc une connexité intime et amicale semblent être indiquées entre les deux peuples, *au lieu de cet état d'inimitié naturelle*, qu'on ose dire avec assurance être les vrais sentimens qui les animent. »

Les expressions de cet homme célèbre ne viennent-elles pas à l'appui de ce que j'ai avancé, en disant que dans un pays tel que le nôtre nos malheurs ne sont que passagers ? M. Pitt

7

n'avouoit-il pas *que nos avantages étoient naturels*, tandis que ceux de l'Angleterre *sont dus à des moyens très-extraordinaires ?*

Milord Lans – Down étoit de la même opinion que le grand homme que je viens de citer ; on l'a entendu rappeler à la chambre des pairs « *les avantages qu'avoient retirés les deux nations, lorsque pendant une suite d'années, elles avoient cessé leurs hostilités ;* » il ajoutoit en même tems « *que les idées libérales se répandoient dans toute la France, et prévaloient sur l'amour des conquêtes.*

Lord Sheffield n'étoit pas précisément de l'opinion de M. Pitt relativement à la prétendue inimitié des deux nations ; mais sur leurs avantages respectifs, il ne donne la préférence ni à l'Angleterre, ni à la France ; en plaignant la politique misérable, la jalousie qui règne entre la France et l'Angleterre, et qui réduit à rien le commerce entre les deux nations les plus éclairées, les plus libérales et les plus riches qui aient jamais existé, il ajoutoit : « *Nous croyons qu'il est nécessaire d'appeler la France notre ennemie naturelle ;* s'il faut que nous ayons un ennemi naturel, il est heureux pour nous *que ce soit une nation civilisée, brave et généreuse.* »

Si je parlois des hautes sciences, je verrois que Hume nous donna aussi de ce côté la prépondérance, puisqu'il écrivoit, en parlant de la France, « qu'excepté les Grecs, nous étions le seul peuple qui eût possédé à-la-fois, philosophes, poètes, orateurs, historiens, peintres, architectes, sculpteurs et musiciens ; que relativement au théâtre, nous avions surpassé les Grecs, qui surpassoient de beaucoup les Anglais, *et que, pour la vie privée, nous avions perfectionné le plus utile et le plus agréable de tous les arts, l'art de vivre, l'art de la société et de la* CONVERSATION. »

Comment, après des faits aussi positifs que ceux que je viens de retracer dans ces deux notes, pourroit-on douter qu'avec tout ce que nous possédons, qu'au moyen des avantages qui seront les heureuses conséquences du rétablissement de l'ancien ordre de choses, la France ne puisse pas très-promptement se relever de ses pertes, surtout lorsque le Gouvernement s'occupera d'une manière particulière, et nous ne saurions en douter, de l'administration de l'intérieur, et que, sans la moindre crainte, des débouchés seront ouverts à l'excédant de nos récoltes, aux produits de notre industrie ; que le commerce sera florissant ; que nos ports de mer reprendront leur ancienne activité ; que nous nous plairons à nous donner des jouissances et à les multiplier, et que l'étran-

ger pourra, avec sécurité, venir habiter parmi nous, et y
verser une dépense qu'on évalueroit à plus de 3o millions. Cette
gloire, pour un Gouvernement, est bien préférable à celles
des conquêtes, qui coûtent tant de larmes à l'humanité !

« La France, nous a dit un écrivain aussi estimable qu'é-
clairé, la France n'a pas besoin d'être ambitieuse : elle doit à
son heureuse position, à la beauté de son climat, à la fertilité de son sol, des richesses indépendantes du caprice de
ses voisins, et dont rien ne sauroit la priver. Pour augmenter
sa puissance, elle n'a qu'à veiller sur son intérieur, exciter
la confiance et l'industrie, *puisque les meilleurs et les plus sûrs
consommateurs des produits de son agriculture et de ses manufactures, sont ses habitans.* » BAER.

(3) L'inamovibilité des places, principalement de celles de
l'administration intérieure, est beaucoup plus utile qu'on ne
sauroit, peut-être, le penser : on se feroit difficilement une
idée de tout le temps qu'il faut à un administrateur, pénétré
de ses devoirs, pour bien connaître toutes les parties dont
l'amélioration lui est confiée.

Ici il faut qu'il cherche les moyens de donner des débouchés faciles aux produits de l'agriculture, et d'ouvrir des
routes qui procureront les plus grands avantages, puisque,
même en transportant de plus lourds fardeaux, on pourra
faire ces transports avec beaucoup moins d'animaux et beaucoup moins d'hommes, et que par ces nouveaux débouchés il
excite encore à mieux cultiver et à faire produire bien davantage. On n'ouvre jamais une nouvelle route sans enrichir le
pays qu'elle traverse.

Là, ce sont des maladies locales qui non-seulement abrégent
la vie des hommes, mais qui entraînent encore annuellement
des mortalités qui sont des pertes réelles, puisque la longévité
de la vie de ces hommes auroit été si utile par les travaux de
l'agriculture ou de l'industrie auxquels ils auroient pu se livrer.

Ailleurs, ce sont des rivières qui annuellement font de tels
ravages, qu'elles détruisent la matière imposable et occasion-
nent la ruine des citoyens, etc. etc. etc. Il faut que cet administrateur cherche les moyens de réparer de si grands malheurs, et qu'il inspire assez de confiance, pour que les dépenses publiques puissent se faire promptement et avec la
plus grande économie.

Veut-il porter son attention sur les produits de l'industrie,
qui ajoutent aux avantages naturels dont jouit son départe-

ment, et sur les moyens de procurer des matières premières à des prix modérés, pour que l'étranger ne puisse pas livrer ces mêmes objets à plus bas prix que ses administrés, et détruire ainsi cette branche de richesse ? cet administrateur éprouvera de grands embarras, surtout lorsqu'il aura à discuter avec l'administration propriétaire de ces matières premières, et que nous avons vu séparer son intérêt de celui des particuliers......

Les subsistances de première nécessité viennent-elles à hausser beaucoup trop ? il faut que, par la connoissance des localités, cet administrateur sache en modérer les prix par des approvisionnemens particuliers, et sans qu'on soit informé qu'ils sont dus à son influence, pour ne pas répandre l'alarme ; c'est même presque toujours ce qui occasionne les disettes, par la multiplicité des approvisionnemens particuliers et inutiles que font beaucoup de chefs de famille, qui pourroient se passer d'acheter, et qui se présentent cependant aux marchés pour ajouter à leur approvisionnement ; ils trouveroient même très-mauvais qu'ils ne fussent pas garnis, et ils ne manqueroient pas d'en accuser l'administration.

Les hôpitaux, les prisons, l'extinction de la mendicité, les marchés publics, la navigation, la construction des routes, leur beauté, leur sûreté, l'adoucissement des charges publiques, qui peuvent souvent provenir des observations à faire au ministère, sur tel ou tel mode préférable à adopter pour le recouvrement ; des secours à donner à propos à la classe laborieuse par des travaux utiles, pour la dédommager des pertes occasionnées par les mortes saisons, ou par d'autres inconvéniens, etc. etc. etc. Tous ces divers objets doivent être pour l'homme qui veut bien servir son pays et remplir les intentions du Gouvernement, de bien grands sujets de sollicitudes.

Il convient d'ajouter à tout ceci l'esprit public, qu'il faut savoir diriger dans les seuls principes qui conviennent à un bon Gouvernement, ce qui est très-diffile, principalement après une révolution dont les effets se sont fait sentir à un tel point, qu'ils ont divisé toutes les classes des citoyens, qu'il est extrêmement difficile de les réconcilier *et de leur faire oublier leurs torts respectifs.* Quelque impassibilité que mette l'administrateur dans sa conduite, il ne peut pas satisfaire à des intérêts aussi opposés ; enfin tous les instans de la vie d'un tel homme ne peuvent, et ne doivent être employés qu'à des objets d'utilité publique.

Si au moment où l'administrateur peut opérer tout le bien qui a été le résultat de ses méditations, on le rend la victime, et *sans l'entendre*, d'une délation mensongère *dont le motif secret est presque toujours l'intérêt personnel, parce qu'il n'aura pas dû commettre les injustices qu'on aura exigées de lui, et qu'il n'aura été accessible à aucun genre d'intrigue*, alors tout le tems qu'il a employé à méditer sur des objets d'utilité publique, *dont l'exécution honore toujours le Gouvernement*, tout ce temps est absolument perdu; et il faut que son successeur, qui est animé des mêmes principes que lui, se livre aux mêmes occupations, et y emploie autant de temps avant de pouvoir réaliser le bien.

Les Rois de France étoient tellement persuadés des grands avantages qui résultoient de l'inamovibilité de certaines fonctions publiques, *et de la nécessité de les confier à l'expérience*, que nous avons vu beaucoup d'intendans rester longtemps dans ces places. Il doit m'être permis de retracer à cet égard une circonstance mémorable pour Louis XV, et qui rappelle en même temps le souvenir d'un homme célèbre.

Le Roi fut informé que les pays qui composaient la généralité d'Auch, avoient besoin d'un administrateur habile; ce monarque demanda à son ministre de lui désigner un homme qui pût faire tout le bien dont ce pays étoit susceptible, principalement en lui procurant le débouché des subsistances qu'il savoit être infiniment au-dessus des besoins des habitans de ces contrées. Détigny fut indiqué; cet intendant s'occupa de remplir les intentions bienfaisantes du Roi; *mais comme pour faire le bien on trouve toujours beaucoup plus de difficultés que pour commettre le mal*, l'intérêt particulier qui veut toujours prévaloir sur l'intérêt public, donna lieu à de telles dénonciations contre Détigny que le ministère poposa son remplacement.

Les Rois de France ont toujours été très-accessibles, et, autant qu'il a été possible, ils ont toujours aimé à connaître la vérité......... Il fut facile à Détigny de parvenir auprès de Louis XV. Ce monarque l'écouta avec bonté et avec tout l'intérêt que lui inspiroit un homme qui avoit rempli ses intentions, en opérant autant de bien qu'il lui avoit été possible. *Le résultat de cet entretien particulier fut un ordre donné au ministre de renvoyer Détigny à Auch.*

La justice que lui avoit rendu le souverain, auroit ajouté au zèle de Détigny, s'il eut été possible d'en avoir plus qu'il n'en avoit montré pour faire le bonheur des pays confiés à ses soins, à son intelligence, et à sa passion, si je puis m'exprimer ainsi, pour le bien public. La bonté du Roi l'ayant mis à l'abri de toute atteinte *de la part de la malveillance et de l'intrigue*, Détigny réalisa la plus grande partie des projets qu'il avoit projeté dans sa pensée, et il inspira tant de vénération et de reconnaissance, qu'à sa mort les habitans de toutes les classes, en l'accompagnant jusqu'à sa dernière demeure, donnèrent à sa perte les plus vifs regrets.

Le département du Gers a honoré il y a quelques années la mémoire de Détigny, en lui érigeant un monument public, qui transmettra à la postérité le souvenir de tout le bien qu'il a fait à des contrées de la France enrichies par ses soins, et par la persévérance du Roi à le maintenir dans une place qu'il avoit si dignement et si utilement remplie.

Ce **TABLEAU** est le Résultat de toutes les dépenses qui ont eu lieu en l'an 1813, soit de celles qui auroient pu être considérées relativement à l'ancienne étendue du territoire, ainsi que de celles qui pourroient avoir lieu à l'avenir, en supposant, contre toute vraisemblance, la France bornée à ses anciennes limites.

	1.	2.	3.	4.	5.
	ÉNONÇANT		DÉPENSES A L'AVENIR,	DIFFÉRENCE	
	La totalité des dépenses de 1813.	Celles qui pouvoient être relatives à l'étentendue de l'ancien territoire.	En supposant la France dans ses anciennes limites.	EN PLUS.	EN MOINS.
1. Dette publique, y compris 12 millions pour l'amortissement et pensions.	124,300,000	124,300,000	135,300,000	12,000,000	
2. Liste civile.	28,300,000	28,300,000	35,700,000	7,400,000	
MINISTÈRES.					
3. Justice.	29,000,000	23,200,000	23,200,000		
4. Relations extérieures. . . .	17,500,000	17,000,000	8,500,000		9,000,000
5. Intérieur.	59,000,000	47,200,000	48,200,000	800,000	
6. Finances.	21,000,000	16,800,000	16,800,000		
7. Trésor public.	8,700,000	7,000,000	7,000,000		
8. Guerre et administration d'icelle.	585,000,000	468,000,000	125,000,000		343,000,000
9. Marine.	167,000,000	133,600,000	45,200,000		88,400,000
10. Cultes.	17,000,000	17,000,000	17,000,000		
11. Police.	2,000,000	2,000,000	2,000,000		
12. Commerce.	7,810,000	6,248,000			6,248,000
13. Frais de négociation. . . .	8,500,000	6,800,000	4,000,000		2,800,000
	1,075,110,000	897,948,000	467,900,000		
14. Dépenses extraordinaires et imprévues, ou fonds de réserve. . .	48,190,000	38,552,000	32,100,000		6,452,000
	1,123,300,000	939,500,000	500,000,000	20,200,000	455,900,000

TABLEAU des recettes à effectuer pour acquitter les dépenses dont j'ai parlé dans cette discussion et comparaison des recettes de 1813 avec celles qui d'après ce que j'ai énoncé, pourront avoir lieu en 1815.

Nota *Les sommes que je porte à la première colonne sont les mêmes que celles énoncées au dernier compte rendu en 1813, page 56.*

	1.	2.	3.	4.	5.
	SOMMES perçues en 1813.	SOMMES relatives à l'ancien étendue du territoire.	SOMMES à prélever en 1815.	DIFFÉRENCE en plus.	DIFFÉRENCE en moins.
1. Contribution foncière.	241,884,244	193,507,396	193,507,396		
2. Contribution personnelle et mobilière. .	37,322,978	29,848,383	29,848,383		
3. Centimes additionnels.	22,428,384	17,942,712	17,942,712		
4. Portes et fenêtres.	19,059,088	15,247,271			15,247,271
5. Patentes.	20,001,962	16,001,590	16,001,590		
6. Enregistrement, domaines, etc. . . .	170,000,000	136,000,000	129,783,688		6,216,312
7. Bois, ...	33,796,028	27,036,823	20,000,000		7,036,823
8. Sels à 2 sous la livre.	54,163,012	31,200,000	43,200,000	12,000,000	
9. Ferme des salines de l'Est.	3,000,000	3,000,000	3,000,000		
10. Tabac.	70,000,000	56,000,000	30,000,000		26,000,000
11. Poudres et salpêtres.	500,000	500,000	800,000	300,000	
12. Bénéfice des monnoies ainsi qu'on le voit porté dans les anciens comptes rendus de 1811 et 1812.	1,000,000	800,000	500,000		300,000
13. Postes aux lettres	13,000,000	10,400,000	8,400,000		2,000,000
14. Loterie.	16,531,084	11.224,868			11,224,868
15. Droits réunis.	150,000,000	120,000,000	49,034,810		70,965,190
16. Arrérages de rentes sur l'État, appartenant à la caisse d'amortissement. . .	4,952,968	4,952,968	4,952,968		
17. Douanes.	100,000,000	80,000,000	12,000,000		68,000,000
18. Dix pour 100 des octrois. . . .	4,816,786	3,953,429	3,953,429		
19. Prélèvement sur le produit de la vente des biens des communes	149,000,000	74,500,000			74,500,000
		832,115,011	562,924,976	12,300,000	281,490,464

Nota. Si j'ajoutais à la cinquième colonne les perceptions ordonnées par décret du 9 janvier 1814, je trouverais, y compris le doublement du sel, une somme de. 134,800,000

La différence en plus des recettes qu'on auroit effectuées, en les comparant à celles de 1815, seroient donc de. 415,629,464

OBSERVATIONS

Sur ces deux Tableaux.

On voit par le tableau sur les recettes, qu'en supposant, contre toute apparence, la France rentrée dans ses anciennes limites, quoique en réduisant les recettes à celles que je suppose la concernant en 1813, d'une somme de. . . . . 415,619,464f.
nous pouvons espérer, en allégeant les peuples du poids de l'impôt, de réaliser une recette effective de... 562,924,976 f.

La dépense telle que je la suppose dans le premier Tableau, en me servant des mêmes comparaisons, y est portée pour. 500,000,000

il y aura donc une excédant de. 62,924,976

Je prie le lecteur de se rappeler que sur la dépense de 500,000,000, j'ai porté comme dépense imprévue une somme de.. 32,100,000

Plus, 12 millions pour l'amortissement de la dette constituée, somme que je ne mettrai pas hors ligne, parce que je crois que, quelque pressans que puissent être nos besoins, il faut que nous supportions cette dépense, si utile au crédit public.

Les deux sommes ci-dessus énoncées élèveront donc les recettes extraordinaires à. 95,024,976

Si, à cause des dépenses occasionnées par les récompenses que le Gouvernement désire pouvoir accorder aux armées, et par l'acquit des dépenses de l'arriéré, cette somme étoit insuffisante, il seroit possible de l'augmenter, ainsi que je l'ai exposé page 76 :

1° Par la continuation, provisoire, de la perception de l'impôt sur les portés et fenêtres. . . . . 15,247,271 f.

2° Par les loteries, que je n'ai porté que d'après leur produit avant la révolution. 7,000,000

                                         22,247,271

                                           117,272,247

3ᵒ Par le produit du droit de sceau, que je crois très-utile de rétablir.

4ᵒ Par l'augmentation de recette dont peuvent être susceptibles quelques produits, et en réduisant moins les taxes que je ne l'ai fait sur certains impôts indirects.

5ᵒ Par les économies dont sont susceptibles les diverses dépenses administratives, la diminution qui s'opèrera annuellement par l'extinction des rentes viagères, des pensions du clergé, de la dette perpétuelle au moyen de l'amortissement ; divers objets que je porte ici pour mémoire.

En cumulant toutes ces recettes, je trouverai donc au moins une somme de. . . . . 117,272,247 f. en excédant de la somme nécessaire pour acquitter les dépenses, ainsi que je l'ai établi en l'autre part.

Cet état de situation n'est-il pas satisfaisant, et les simples calculs auxquels je viens de me livrer, ne repoussent-ils pas toutes les craintes que la pusillanimité et l'ignorance de quelques esprits rétrécis, peut-être même la malveillance de quelques personnes, pourroient faire naître sur la solvabilité de l'Etat ?

Quant à la dette publique, d'après les lumières que j'ai acquises depuis que j'ai commencé ce travail, je crois devoir ajouter quelques observations à ce que j'ai dit à ce sujet page 5 et suivantes de cet écrit.

Je ne pense pas qu'il faille confondre l'origine des deux dettes que la France à acquitter ; l'intérêt de ces divers créanciers exige même la plus grande prudence, et il est extrêmement utile, pour eux, de leur donner, le plus promptement possible, l'assurance de cette division.

L'une consiste dans la dette anciennement constituée ;

L'autre dans la dette de l'arriéré.

Le paiement des arrérages de cette première dette, ainsi que le fonds d'amortissement pour chercher à l'éteindre insensiblement, doivent être considérés comme des dépenses ordinaires de l'Etat. Le crédit dû à ces effets exige que l'assurance en soit donnée aux porteurs, puisque quelques personnes attribuent la baisse de nos 5 pour 100, que nous avons vu côtés à un trop bas prix, à la crainte qu'on a de voir aglomérer ces deux dettes.

J'ai vu avec une peine infinie une telle diminution, surtout lorsqu'on considère que le total de notre dette perpé-

tuelle ne s'élève qu'à . . . .   63,3oo,ooo f.
et que sur cette somme , ainsi que je l'ai
établi page 6 , il n'y avoit que celle d'environ   38,000,000
qui soit transmissible (1).

Nous devons d'autant plus être surpris de cette dépréciation *occasionnée par le jeu de la Bourse* , qu'il est très-peu de pro-priétaires de rentes sur l'état qui aliènent ce genre de propriétes , et que nous voyons en Angleterre les 3 pour cent consolidés cotés à plus de 66 francs ; cependant ce Gouver-nement est débiteur de plus de 5oo millions d'arrérages : et quoiqu'on en puisse dire , il n'a pas nos ressources , surtout si nous considérons , je ne saurois trop le dire , les avantages qui résulteront nécessairement du rétablissement de l'ancien ordre de choses , et l'amélioration de toutes les parties de l'économie publique qui en sera la consé-quence.

Quant à notre dette provenant de l'arriéré , et que je crois qu'il faut constituer , je ne pense pas qu'on doive la réunir à l'ancienne dette. Je le répéterai , ce seroit inutile-ment porter un grand préjudice à ces sortes de créances. Il est digne de la loyauté du Gouvernement , il est même pré-férable pour les créanciers , de donner une nouvelle origine à cette seconde dette ; la position de ces créanciers qui ont fait des avances , de très-bonne foi , et dans l'espérance d'en être remboursés promptement, inspire de l'intérêt. Beaucoup d'entre eux ont des créanciers particuliers qui n'ont rien de commun avec le Gouvernement, et qui les tourmentent, quoiquelorsqu'ils leur ont prêté, ils aient été assurés que leurs fonds avoient une destination publique. Il sera plus facile à ces sortes de créanciers de tirer un parti avantageux de leurs créances,

---

(1) Sur cette somme , ainsi que sur celles concernant les pen-sions , à l'exception des arrérages concernant la Hollande qu'on a vu que j'ai exceptés , il conviendroit de déduire les arrérages de diverses créances concernant les pays réunis , de même que le payement de leurs rentes viagères et celui des pensions civiles et ecclésiastiques. Je ne me suis pas livré à ce travail , parce que je n'ai pas pu me procurer les renseignemens nécessaires , et que les anciens comptes rendus , qui parlaient de ces diverses créances , ne peuvent pas présenter des données assez positives. Cette dis-traction qui sera nécessairement faite , diminuera d'autant cette partie des dépenses ; elle ajoutera ainsi à nos ressources , et ac-croîtra en même temps le crédit dû à la dette publique.

lorsqu'elles seront constituées d'une manière particulière, et que des fonds spéciaux seront faits pour en acquitter les arrérages, ainsi que le remboursement à des époques bien plus rapprochées que celles de la dette anciennement constituée ; amortissement qui, comme je l'ai observé, pourroit être augmenté progressivement de l'intérêt combiné de la somme éteinte. En adoptant cette mesure, on satisfera tous les intérêts, et le Gouvernement n'aura pas pour cela de plus fortes sommes à acquitter.

J'ai cru devoir faire une distinction de ces deux dettes, parce qu'il me semble que si le parti que je soumets à la sagesse du Gouvernement, étoit adopté, il leveroit toute incertitude, et que nos cinq pour cent loin d'être avilis, seroient élevés au cours respectable que doit avoir une dette publique, lorsqu'elle repose sur la loyauté, sur l'intérêt du Gouvernement, par la garantie donnée par la charte constitutionnelle, sur le paiement certain des arrérages, et sur l'existence d'une caisse d'amortissement pour rembourser cette dette.

ERRATA. Ajoutez page 27, à la fin de l'article concernant la suppression des corvées, *et qui furent remplacées par des prestations en argent.*

Page 76, lisez à la note, ligne 5. : *les capitaux immenses que représentent les valeurs.*

POST-SCRIPTUM.

Lorsqu'on entreprend de traiter des questions aussi importantes que celles énoncées dans ce travail ; lorsqu'on s'expose à la censure redoutable du public et à la critique amère de beaucoup de personnes qui ne jugent jamais assez bien la de pureté des principes dont on est animé ; lorsqu'on discute ces sortes de matières, il faudroit pouvoir changer à chaque instant tout ce qu'on a écrit pour répondre aux divers ouvrages qui paraissent, ou aux discussions *de société* qui s'établissent, et qui sont relatives à nos dépenses, et à nos ressources à venir. C'est ce qui me détermine à ajouter à ces observations.

Elles ont rapport aux divers objets de produits sur lesquels je ne suis pas précisément d'accord avec beaucoup de personnes.

Les données de l'écrit de M. le chevalier Hennet, premier commis des finances, et commissaire du cadastre, pourraient peut-être paraître plus positives que les miennes. Ce citoyen estimable et éclairé a sur moi l'avantage de sa place, et de ses liaisons intimes avec le ministère des finances, qui auront pu lui ménager des renseignemens que je n'ai pas même cherché à me procurer ; et comme je l'ai dit, je n'ai eu d'autres données que les comptes rendus avant 1789, et celui de 1813. Mais ce qu'il y a d'extraordinaire dans la rédaction de nos deux écrits, c'est que n'ayant jamais eu aucun rapport ensemble à cet égard, et ignorant l'un et l'autre que nous donnions cette nouvelle marque de notre dévouement, nous avons suivi à peu près la même méthode de travail, et que nous ne sommes partagés que sur quelques produits. Je crois devoir donner des détails sur la différence de nos opinions.

M. Hennet a supposé un quart de réduction dans les recettes et dans les dépenses. J'ai supposé un cinquième, et ce calcul, par son rapprochement, est d'accord avec celui de M. Hennet : car si je les ai trop élevées, il sera facile de les retrancher en recette et en dépense de la différence qui existe entre le cinquième et le quart.

Mais si les données de M. Hennet sont plus justes que les miennes, elles viendront à l'appui de mes calculs, re-

lativement à ce que j'ai exposé pages 27 et 28 , en parlant
de la contribution foncière,

J'y ai porté la contribution foncière à prélever à l'avenir pour une somme de . . . .   193,507,596 f.

M. Hennet évalue ce même produit,
page 33, à 180;277,000

____

Il y a donc une différence de son
calcul au mien, d'une somme de . . .   13,230,376

J'ai établi 1º. , page 27 , que le total de la contribution
foncière avant la révolution , s'élevait à   179,100,000 f.

2º. Que les corvées supprimées par
Louis XVI, s'élevoient à 22,500,000 ;
elles furent remplacées par une presta-
tion en argent , ce qui revient au même
pour la quotité de l'impôt , ci   22,500,000

A cette somme il convient d'ajouter
la dîme perçue sur une partie des produits bruts qui y étoient assujétis , et
qu'on évaluait alors au moins à. . . .   60,000,000

____

Le total de l'impôt, foncier avant la révolution s'élévoit donc à. . . . . . .   261,600,000 f.

Plus , en d'autres objets dont il est
inutile de rappeler le souvenir , à cause
de l'injustice commise à cet égard.

M. Hennet élève le montant de la
contribution foncière en principal , à
supporter par les départemens , com-
posant l'ancienne France , à.   180,277,000

____

Les propriétés foncières sont donc moins
grévées en principal , dans ce moment,
qu'avant la révolution , d'une somme de.   81,323,000 f.

PORTES ET FÉNÊTRES.

M. Hennet, page 36, desire, ainsi que moi-même , la

suppression de cet impôt, et nous nous sommes accordés parfaitement sur cet adoucissement des charges publiques.

P A T E N T E S.

Le même accord ne règne pas entre nous relativement au droit de patente. M. Hennet paroît incliner, page 38, « Pour le rétablissement des jurandes et des communautés d'arts et métiers, parce qu'il est, dit-il, desiré par tous les honnêtes négocians. »

D'un autre côté, tous les marchands et artisans ayant éprouvé des pertes considérables depuis que la France est devenue le théâtre de la guerre, il propose, par ces deux considérations, de supprimer entièrement, pour cette année, le droit de patente. » M. Hennet propose encore de rétablir les communautés, en demandant, non pas pour cette année, où le commerce a besoin de protection et d'encouragement, mais pour l'avenir, le rachat des patentes pour toutes les professions, négoces et métiers ; ce rachat seroit évalué à six fois le montant de la patente, et il s'éleveroit à 102 millions payables en 1815 et 1816 ; ce qui établit, pour le montant des patentes, une somme de...   17,000,000 f.
Ayant déduit le quart sur ce produit prélevé en 1813, que nous avons vu porté, ainsi que je l'ai établi, p. 56, dans le compte rendu du ministère, à 20,001,962 f., il me semble que le droit de patente n'auroit dû être énoncé par par M. Hennet que pour 15,001,472 f.

Or, je n'ai porté le droit de patente, en dédéduisant le cinquième, qu'à. 16,001,590
J'ai donc établi une diminution de produit de.   998,410

Les opérations que j'ai présentées, ne sont relatives qu'à l'exercice de 1815 ; ainsi je ne m'occuperai pas de l'avantage ou de l'inconvénient de libérer, pour cette année, le commerce du paiement de la patente.

Mais est-il préférable, sous le prétexte du rétablissement des jurandes et maîtrises, d'aliéner, à vie, le droit de patente, moyennant une somme de 102 millions, payable à deux époques différentes? N'est-il pas, au contraire, plus avantageux encore pour le commerce, de maintenir ce paiement en annuités? Telle est, en peu de mots, la discussion dans laquelle je vais entrer.

Je ne savois pas, comme nous l'apprend M. Hennet,

que cette aliénation de la patente eût été projetéé par le dernier Gouvernement ; si j'en avois été instruit, je me serois permis, ainsi que cela m'est arrivé quelquefois dans ma vie publique et privée de faire, à cet égard, des observations ; enfin, il est très-heureux que ce projet n'ait pas été réalisé : car si cela fut arrivé, nous aurions dépensé, par anticipation, 102 millions de plus, qui auroient diminué ce genre de ressource à venir. Mais, ainsi que nous ne le savons que trop, et comme avec raison M. Hennet nous le rappelle, le commerce a beaucoup souffert dans ces dernières années, je ne pense pas donc qu'il faille exiger de lui une somme aussi considérable en anticipation, parce qu'il ne pourroit pas se passer du capital métalique dont on exigeroit de lui le sacrifice.

Mettant à l'écart le trop haut prix des fonds, l'intérêt de ce capital payé d'avance par le commerce, sans aucun profit, ne doit-il donc être compté pour rien ? En confondant tous les bénéfices industriels et commerciaux, cet intérêt ne peut-il pas être évalué au moins à 15 pour 100 ? Loin de faire éprouver un soulagement indispensable, dans la position où se trouve le commerce, cette anticipation de paiement de la patente le gréveroit, à 15 pour 100, d'un intérêt de 7,650,000 fr., pour la première année, et de 15,300,000 francs pour la deuxième et les suivantes, etc. etc.

D'après ce simple calcul, n'est-il pas préférable, même dans l'intérêt du commerce, de maintenir la perception annuelle ?

Une autre considération semble s'opposer encore à cette mesure. Le droit de patente est annuel, et par conséquent il est acquitté, lorsque l'on continue son commerce ; le discontinue-t-on, a-t-on le malheur de faire une faillite, la mort vient-elle vous surprendre? on ne doit rien à l'impôt ; et dans le cas où de tels malheurs arriveroient, feroit-on la restitution des sommes que l'on auroit payées par anticipation ?

Je sais que cette somme à prélever, si la chose étoit possible, pourroit être utile au Gouvernement, à cause des besoins pressans qu'il éprouve ; mais je sais aussi qu'il ne voudroit point consacrer une mesure qui seroit plus préjudiciable qu'avantageuse au commerce, son intention étant, ainsi que je l'ai dit fréquemment, de ne demander que des impôts qu'on puisse lui payer facilement.

Ce seroit opérer d'une manière très-onéreuse, que de faire prendre à l'État une anticipation qui, par la privation du

droit annuel , *lui coûteroit de* 15 *à* 17 *pour* 100 *d'intérêt* : car
pour le commerce, la chose revient au même, puisque l'intérêt de la somme dont il feroit l'avance, représente pour
lui le paiement de la patente.

Mais en supposant, le rétablissement *du droit privatif des
jurandes et maîtrises* (1), une autre question se présente.

———————————————————————

(1) Le remplacement *du droit de patente par celui des jurandes
et maîtrises* , est une question de la plus haute importance, qui
ne sauroit être décidée par la seule considération « du désir que
montrent à cet égard les honnêtes négocians » , ainsi que nous le
dit M. Hennet. Considérée sous ces rapports avec la prospérité
de l'Etat , la perfection, l'extension de l'industrie et l'agrandissement du commerce, cette question seroit susceptible d'un travail
très-étendu, qui dépasseroit les bornes que je me suis prescrites
dans la rédaction de mes Observations ; mais je ne saurois garder
le silence sur l'opinion d'un célèbre administrateur , puisqu'elle
peut être applicable à la matière qui forme l'objet de cette discussion.

On ne sauroit contester à la mémoire de Colbert tout ce
qu'il a fait pour seconder les intentions D'UN GRAND ROI qui vouloit élever sa nation et son règne à tous les genres de gloire
auxquels un monarque puisse atteindre. Colbert , si mal jugé
par son siècle , écrivoit à Louis XIV : « La rigueur qu'on tient
dans la plupart des grandes villes de votre royaume pour recevoir des marchands , *est un abus* que Votre Majesté a intérêt
de corriger , *car il empéche que beaucoup de gens se jettent
dans le commerce* , OU ILS RÉUSSIROIENT MIEUX, BIEN SOUVENT QUE
CEUX QUI Y SONT. Quelle nécessité y a-t-il qu'un homme fasse
apprentissage ? Cela ne sauroit être bon, *tout au plus* , que
pour les ouvriers , *afin qu'ils n'entreprennent pas un métier
qu'ils ne sauroient point.* Mais les autres, pourquoi leur faire
perdre ce temps? Pourquoi empêcher *que des gens qui en ont
quelquefois plus appris dans les pays étrangers qu'il n'en faut.
pour s'établir* , ne le fassent pas parce qu'il leur manque un
brevet d'apprentissage ? Est-il juste , *s'ils ont l'industrie de
gagner leur vie* , QU'ON LES EN EMPÊCHE SOUS LE NOM DE V· M. ,
ELLE QUI EST LE PÈRE COMMUN DE SES SUJETS , et QUI EST OBLIGÉE DE
LES PRENDRE EN SA PROTECTION? Je crois donc que quand elle feroit une ordonnance par laquelle *elle supprimeroit* TOUS LES
RÉGLEMENS *faits jusqu'ici à cet égard* , ELLE N'EN FEROIT PAS
PLUS MAL.

Le rétablissement *du droit privatif* des maîtrises et jurandes ,
ne seroit-il pas opposé à l'opinion de Colbert, qui désiroit que
l'industrie et le commerce jouissent de la plus grande liberté?

Lors de l'existence des jurandes et maîtrises, elles n'é-
toient pas bornées dans chaque corporation à un nombre pré-
cis de citoyens. *Avoit-on fait son apprentissage ? etoit on en
état de faire son chef-d'œuvre ? avoit-il été reçu ?* on devoit
être admis *à former un nouvel établissement.* Quel droit prélè-
vera-t-on sur les nouveaux admis ? seroit-il juste que parti-
cipant aux mêmes avantages, ils ne fussent pas passibles des
mêmes charges , sur le prétexte que le rachat de la patente
auroit été effectué ? Les imposeroit-on à la même somme
qu'avant la révolution ? On exigeroit d'eux au moins cinq
millions , et ce prélèvement, combiné avec l'intérêt que
représente l'anticipation du droit de la patente, ne seroit-il
pas plus aggravant pour le commerce , puisqu'il me semble
que dans ce moment plus y a de patentés et moins ou paye à
l'impôt ? Chaque nouvel établissement est une espèce de dégrèvement en faveur de ceux qui antérieurement s'étoient
livrés au commerce et à l'industrie.

J'ai cru devoir ajouter, par cette discussion, aux services
que, dans toutes les positions de ma vie on m'a vu chercher à rendre à l'industrie, au commerce principalement,
dans les circonstances où l'on couroit de si grands dangers lorsqu'on vouloit stipuler des intérêts aussi impor-
tans, et aussi utiles pour la prospérité d'un Etat.

DROIT D'ENREGISTREMENT.

M. Hennet porte le produit à venir du droit d'enregistrement à 88,000,0000 fr. , et par conséquent à 61,783,683 f.
de moins que la somme que j'ai énoncée page 44 de mon
travail. Les frais seroient les mêmes pour une faible perception , que pour une plus considérable ; et l'administration de l'enregistrement qui est la moins dispendieuse de

---

Cet avantage inapréciable n'entra-t-il pas dans les intentions de
la législature, qui remplaça les jurandes et maîtrises par les
patentes ? En finance , cette opération ne fut-elle pas très-utile
pour le fisc, puisqu'elle lui produisit chaque année un revenu
de 15 à 17 millions , au lieu des 5 millions que donnoient annuellement les maîtrises et jurandes ? Pourquoi priveroit-on
l'Etat de la perception annuelle d'un impôt qui sera très-sup-
portable , lorsque nous aurons obtenu ce que nous devons attendre de l'ordre actuellement rétabli ?

toutes celles existantes , sera celle qui coûtera le plus , si ces droits éprouvent une aussi forte réduction. En en proposant une modification aussi considérable , M. Hennet se fonde , page 41 , « sur une vérité généralement reconnue de tous les administrateurs et employés de l'enregistrement , et qui dans l'ancienne ferme générale étoit devenue une maxime proverbiale : *c'est que l'excès d'un droit nuit à son produit, parce qu'il excite à l'éluder* (1). On a dit de tout temps , qu'un droit doublé ne produit pas le double ; par une conséquence naturelle , un droit dédoublé ne produit pas moitié moins. Cette réduction est faite avec d'autant plus de confiance , que la paix , ranimant l'agriculture , le commerce , les arts et les manufactures , va donner un grand mouvement aux transactions particulières , et aux arts de toute nature. D'ailleurs , la réduction du droit d'enregistrement à moitié , paroît à M. Hennet une mesure d'autant plus heureuse , qu'elle est un. grand bienfait pour les peuples et un petit sacrifice pour l'Etat. »

J'ai copié littéralement ce passage de l'Ouvrage de M. Hennet , parce qu'il donne à connaître les excellens principes dont il est animé , et qui doivent être partagés par tous les hommes que le même intérêt dirige.

Mais je ne saurais être de son avis pour la totalité des droits perçus par la régie de l'enregistrement. Je crois qu'il y a une grande distinction à faire sur les différentes réductions que pourroit éprouver cette perception , sans nuire pour cela à la quotité du produit, que nous voyons figurer dans les comptes rendus pour une somme très-importante ; je vais les discuter séparément.

Le droit de mutation des immeubles représente dans ce moment le contrôle perçu autrefois dans les provinces.

Je sais qu'à Paris on se fera difficilement au payement de ce droit, parce que, avant la révolution on étoit exempt du contrôle que la communauté des notaires avoit acheté ; aussi la très-majeure partie des contrats de fortes acquisitions que l'on faisoit dans les provinces , se passoient-ils à

____

(1) Ce que M. Hennet dit à cet égard , est si bien fondé , qu'on m'a assuré que lorsqu'à Paris on augmenta beaucoup trop le droit sur l'entrée des eaux-de-vie , la recette ne s'éleva point à une somme beaucoup plus considérable que lorsque la perception de cette taxe étoit modérée.

Paris, à cause de la grande économie qu'on éprouvoit, ce qui diminuoit d'autant la perception du droit de contrôle.

Mais, dans les provinces, la perception du droit d'enregistrement n'a pas essuyé précisément autant d'oppositions que dans la capitale, parce qu'on étoit habitué au payement du droit de contrôle et autres droits.

Autant que je puis me le rappeler, lorsqu'on établit le droit d'enregistrement, on prit l'ensemble des droits alors existans, consistant en droits de contrôle, centième denier, droits d'ensaisinement, insinuation, droits de lods, etc. ; et on trouva qu'en réunissant ces diverses taxes, le droit d'enregistrement, sur le transport des propriétés, étoit au-dessous de tout ce qui avoit été prélevé antérieurement. Par ce moyen, la perception du droit fut simplifiée, et elle anéantit les réclamations qu'on faisoit à cause de l'arbitraire qui quelquefois avoit lieu lorsque ces droits étoient multipliés.

Le droit d'enregistrement, lorsqu'il fut établi, étoit porté à 2 pour cent. En l'an 7, cette taxe fut doublée, et d'après les renseignemens que j'ai pris à ce sujet, il paraît qu'on se rapprocheroit de toutes les opinions en le réduisant à trois pour cent. On assure encore qu'à ce prix il donneroit le même produit.

DROITS SUR LES SUCCESSIONS.

Le droit de succession date aussi de la même époque que celui de l'enregistrement. Ce genre de revenu public est un des plus anciens impôts qui ait été établi ; « on le prélevoit *du temps d'Auguste sur les Romains* ». Mais le transport de la propriété du mort au vivant, en ligne directe, étoit exempt de cet impôt. « La mort d'un père, nous dit un homme célèbre, est rarement suivie d'un accroissement de fortune ; et souvent, au contraire, elle diminue considérablement le revenu par la perte de son industrie, de son emploi, ou de quelque bien viager dont il étoit en possession. *Il y auroit de la cruauté et de l'oppression dans une taxe qui enlèveroit aux héritiers une partie de la succession.* » (SMITH.)

Si on croyoit qu'il convînt de maintenir ce genre de contribution, il faudroit le restreindre au droit qui existoit avant 1789, et que l'on n'avoit établi que pour connaître la transmission des propriétés immobilières seulement.

S'il faut supprimer totalement ce droit, en ligne directe, il convient de le maintenir en ligne collatérale ; mais dans tous les cas, cette taxe ne devroit être prélevée que sur le produit net, et non sur le produit brut d'une succession ; et le prétendu motif du transport de propriété qui donne lieu à un droit, ne sauroit être applicable à la portion d'une succession qui n'appartient pas à l'héritier, et qui est absorbée par les dettes *constatées*, du testateur

DROITS SUR LES EMPRUNTS A TERME.

Les emprunts à terme ne sont pas assez favorisés par le droit d'enregistrement. Il est injuste que, lorsqu'on emprunte sur immeuble, à court terme, on paye en droits d'enregistrement et d'hypothèque, des sommes aussi fortes que si on empruntoit pour un long délai. Il seroit donc équitable de graduer le droit, d'après la faveur qu'accorde le prêteur, et on verroit alors beaucoup plus d'emprunts de ce genre.

DÉCLARATION DE COMMAND ET VENTES A RÉMÉRÉ.

Je pourrais en dire autant de la *déclaration de command* qui n'est pas aussi favorisée qu'avant 1789. Aussi voit on beaucoup plus rarement les particuliers se livrer à ces sortes de spéculations.

Les ventes à réméré se multiplieraient aussi, si le droit exigé dans ce moment étoit plus modéré.

BAUX A FERME OU MARCHÉS.

La trop prompte exigeance du droit d'enregistrement nuit encore aux baux à ferme ou aux marchés à passer, puisque, la première année, on est obligé d'acquitter le droit sur la totalité de la durée du fermage ; ce qui met à la gêne le fermier, et lui enlève le moyen d'améliorer son exploitation ; aussi les baux sont-ils souvent dissimulés, ou se font-ils par des actes privés qui ne les assujétissent à aucun droit. Il n'en seroit pas de même, si l'acquit du droit s'effectuoit *par annuités*, lorsque les droits sur les baux dépasseroient une somme de 25 à 50 francs.

LETTRES DE CHANGE ET BILLETS

Une lettre de change vient-elle à être protestée, elle est exempte du droit d'enregistrement. Le billet qui est inscrit sur du papier de la même force, est assujéti à la formalité de l'enregistrement. Pourquoi cet effet de commerce, émis par la classe la moins fortunée du négoce, ne jouiroit-il pas de la même faveur que la lettre de change ?

DROITS SUR LES DÉBITEURS FAILLIS.

Un droit proportionnel est encore établi sur le bilan d'un failli. *Cette perception est injuste, puisqu'elle frappe sur le malheur, et ajoute à la perte des créanciers :* car cet impôt étant pris sur la masse, ce sont eux qui le payent et non le débiteur failli, qui ne peut rien avoir que ce que lui abandonnent ses créanciers

OBSERVATION.

Je ne donne ici que l'aperçu d'un travail plus étendu sur cette matière, et qui, comme je l'ai exposé, est le résultat de toutes les observations que j'ai recueillies lorsque j'administrais.

J'ai démontré très-succintement les inconvéniens qui existent dans la perception des diverses taxes prélevées par la régie de l'enregistrement, dont les unes sont susceptibles d'être maintenues en grande partie, les autres supprimées; celles-ci d'être prélevées de manière à favoriser les transactions entre les citoyens, et en définitif, l'impôt rapporteroit tout autant, on l'acquitteroit sans qu'on s'en apperçût, et sans donner lieu à la moindre réclamation.

Il me semble que les distinctions que je viens de faire, sont préférables à une mesure générale qui diminueroit de moitié la totalité des droits perçus par la régie de l'enregistrement.

TIMBRE.

Mais si ces améliorations reduisoient beaucoup trop la quotité du produit du droit d'enregistrement, ce que je ne saurois penser, il me semble qu'il seroit facile de s'en récuperer en donnant, ainsi que l'ont fait plusieurs Puissances , une plus équitable distribution à l'impôt du timbre.

BOIS.

Je n'ai porté pour les produits des bois que 20 millions au lieu de 27 que M. Hennet annonce page 42 , pouvoir former, à l'avenir, le montant de cette nature de revenu public. Ce qui donne lieu à la différence de notre opinion à cet égard , c'est *que j'ai déduit la portion des bois qu'il est juste de rendre aux émigrés*, ainsi que je l'ai exposé page 42 de mon écrit, auquel je me réfère.

SEL.

J'ai aussi porté le sel à 43,200,000 fr. , et j'ai donné page 46 et suivantes, les motifs de cet aperçu de recettes. M. Hennet, au contraire, donne seulement l'aperçu d'un produit à venir de 40 millions ; mais je ne saurois être de son avis, lorsqu'il dit : « qu'il faudroit ajouter à la taxe sur le sel , si une augmentation de revenu devenoit nécessaire. » Je me réfère encore à ce que j'ai dit à ce sujet , ainsi qu'au mémoire bien plus étendu que j'ai fait sur une matière aussi importante , qui intéresse d'une manière toute particulière l'agriculture, et qui est relative à son accroissement.

TABAC.

M. Hennet porte le produit à venir, du tabac , à. 52,000,000
J'ai porté ce genre de produit, pag. 51 , à 30,000,000

____

C'est donc une somme de. . . . . 22,000,000 de moins. A ce dernier prix, le débit sera très-considérable. Au prix établi par M. Hennet, la contrebande aura lieu ; et il pourroit fort bien se faire qu'à un taux aussi élevé , cette taxe ne produisit pas même la somme à laquelle je l'ai évaluée.

LOTERIE.

Dans le travail de M. Hennet, ce genre de produit est porté pour 11,200,000 ; j'ai cru ne devoir en faire un objet de revenu public, qu'autant qu'il seroit impossible de se passer de ce genre de recette, que je n'ai porté qu'à la somme de 7,000,000, comme avant la révolution.

POSTE AUX LETTRES.

Cette branche de revenu public est portée dans le travail de M. Hennet, à. 12,000,000

J'ai pensé qu'il falloit faire profiter le commerce d'une diminution de taxe sur cet objet ; aussi ne l'ai-je porté, page 57, qu'à la somme à-peu-près que la poste aux lettres produisoit avant la révolution. 8,400,000

Réduction. . . . . , .. 3,600,000

DROITS RÉUNIS.

Les droits réunis seroient supprimés d'après l'opinion de M. Hennet. Je ne pense pas, ainsi qu'on l'a vu page 87, qu'on puisse se passer de la totalité de ce produit ; il sera très-facile de le prélever d'une manière peu onéreuse pour le contribuable, peu coûteuse pour la perception, et en même tems très-utile pour le trésor royal.

DOUANES.

M. Hennet élève le produit à venir des douanes, à. 25,000,000
On a vu que je ne l'ai porté que pour.... 12,000,000

C'est donc une diminution d'impôts dont je crois qu'il faut favoriser le commerce pour une somme de. 13,000,000
La France est peut-être le pays qui, par sa position, peut se passer le plus d'un revenu considérable produit par les douanes, puisqu'elle possède dans son territoire tout ce

qui est nécessaire à ses habitans, et qu'elle n'a besoin de permettre l'entrée des divers objets que pour pouvoir balancer ainsi la valeur des exportations que l'étranger retire de chez elle. Le gouvernement de Louis XVI étoit tellement convaincu de l'avantage que retiroit le commerce de la modicité du droit des douanes, qu'il avoit borné ce genre de perception à la même somme que je l'ai portée, plus les frais qui sont indis-pensables (1).

LISTE CIVILE.

Lorsque j'ai établi pour tout ce qui est nécessaire A LA MAISON DU ROI ET A LA FAMILLE ROYALE, une somme de. . . . . 35,700,000 f. je ne me suis point arrêté aux décrets rendus par l'assemblée constituante: *le* Roi *ayant déclaré, le 20 juin 1791, que la somme qu'on avoit décrétée étoit insuffisante,* je me suis reporté à ce que Louis XVI avoit cru être nécessaire *à la dignité du trône*

---

(1) Au premier apperçu, cette recette de 12 millions paroîtra peut-être portée à une trop médiocre somme, parce que on confond le total des droits de traites, qui étoient perçus par l'ancienne ferme générale; mais si on distingue ces recettes et qu'on en déduise les droits levés sur la *circulation intérieure de la France,* QUE Louis XVI VOULOIT QUE L'ON ABOLIT, on trouvera que cette donnée est très-rapprochée du produit net des droits extérieurs qui étoient prélevés avant la révolution. Les renseignemens que nous a transmis M. Necker à cet égard, sont les plus positifs que je connoisse; ils nous dit, page 179, tom^e 2 de son ouvrage sur l'administration des finances, « *qu'il estime à environ 12 millions les recouvremens relatifs au commerce de la France avec l'étranger* ». M. Necker voulant dédommager le trésor royal de la diminution de recette que lui feroit éprouver la suppression des traites intérieures, avoit cru, de concert avec quelques fermiers généraux, pouvoir récupérer deux millions, *en évitant la fraude du droit sur une partie des denrées coloniales; améliorations qu'on ne pouvoit pas considérer comme une augmentation à l'impôt;* c'étoit donc au plus 14 millions qu'on pouvoit évaluer les droits perçus sur le commerce avec l'étranger, à l'entrée du Royaume.

J'ai dû donner cette explication pour démontrer que je ne hasarde pas mon opinion particulière, sur un genre de produit *qu'il est plus utile de réduire que d'exagérer,* principalement dans une circonstance où le Gouvernement veut accorderder au commerce et à l'industrie LA MÊME PROTECTION DONT LA MAISON DE BOURBON LES A TOUJOURS HONORÉS.

ET A SA FAMILLE. On se rappelle que sur cette dépense, ce Monarque avoit porté la plus stricte économie. Le Roi ayant aujourd'hui beaucoup plus de dépenses à faire qu'alors, et les revenus patrimoniaux de nos Princes ayant été très-diminués par l'effet des événemens qui se sont passés, je crois que la somme de 28,300,000 fr., indiquée par M. Hennet pour la liste civile, est insuffisante.

Nota. Il paroîtroit, d'après des renseignemens particuliers qu'on m'a donnés, que j'ai porté les pensions militaires à une trop modique somme, lorsque, p. 5, j'ai énoncé cet article en ces termes : « Pensions civiles et militaires, 13 millions.

Ce qu'il y a de positif, c'est qu'à la page 57 du dernier compte rendu, cet article est énoncé pour 13,700,000 fr., et si je n'ai porté que 13,0000,000, c'est parce que j'ai vu, sur le budget de 1811, que cet article étoit conçu en ces termes :

»Pensions civiles et militaires. 10,000,000 ⎫
                                                  ⎬ 13,300,000 f.
»Id. de la Hollande. . . . . . 3,300,000 ⎭

En mettant à la charge de la France 13,000,000, j'avois cru énoncer cette dépense au-dessus de la somme à laquelle elle s'élève.

Mais si j'ai porté trop bas les pensions militaires, j'ai aussi élevé trop haut les pensions ecclesiastiques, que j'ai portées, ainsi que je les ai vu énoncées, page 57 du denier compte rendu, à. 31,000,000

M. Hennet, d'après des renseignemens plus particuliers que les miens, et qu'il lui a été facile de se procurer, porte, page 15 de son écrit, cette dépense à. 17,000,000

Ce sera donc une somme de. . . . . 14,000,000 qu'on pourra ajouter à l'insuffisance de l'article concernant les militaires, et l'une de ces sommes compensera l'autre.

Je n'ai suivi, dans la rédaction de ce travail, que les comptes rendus, et j'ai eu, dans certaines circonstances, la preuve qu'ils étoient très-positifs.

Enfin, sans y comprendre 700,000 fr. concernant la Hollande, j'énonce les pensions, ainsi que je les vois portées, page 57, pour. 44,000,000
M. Hennet élève cet objet, page 15, à. . 28,400,000

Il y aura donc un boni de. . . . . 15,600,000 qui pourront compenser les articles concernant la guerre, que j'aurois porté trop bas en parlant des pensions.

Telles sont, en peu de mots, les observations que j'ai cru devoir faire pour établir la différence qui existe entre les calculs de M. Hennet et les miens. Je réponds ainsi à l'invitation qu'il fait aux hommes qui s'occupent de l'économie publique, en leur disant « que le succès qu'il ambitionne dans la publication de son Ouvrage, est que ses idées en fassent naître de plus utiles ou de plus heureuses. » Je n'ai pas la prétention d'avoir rempli une pareille attente ; mais en écrivant sur la même matière que lui, j'ai cru devoir me livrer aux observations que je viens de présenter.

L'impression de ces Observations étoit achevée, lorsque j'ai été informé, par hasard, qu'on avoit mis sous presse la deuxième édition d'un travail ayant pour titre : *Considération sur l'utilité des corporations, l'hérédité des offices et le rétablissement des jurandes et maîtrises*, par M. Soufflot de Merey.

Dans les grandes questions de l'économie publique, il ne faut avoir aucune prévention, il doit suffire aux hommes bien pensant que le bien s'opère. J'ai cherché à connoître, pendant qu'on l'imprimoit, l'opinion qui alloit être publiée sur les jurandes et les maîtrises, et on a eu la complaisance de m'en confier une copie.

J'ai lu ce travail avec la plus grande attention ; il est opposé au rapport fait par M. Vital-Roux, contre le rétablissement des jurandes et maîtrises, publié par ordre de la Chambre de Commerce.

Une question de cette importance, avant d'être adoptée ou rejetée, mérite la plus grande réflexion de la part de l'administration ; la manière dont je la vois discutée me confirme dans l'opinion, ainsi que le dit M. de Merey, « qu'il n'y a aucune institution humaine *où le mal ne soit à côté du bien.* » En donnant leur opinion avec franchise, MM. Vital-Roux et de Merey ont éclairé beaucoup cette discussion. Ce dernier remonte aux premiers établissemens des corporations ; il démontre qu'on avoit mis en usage ces mesures dans les siècles reculés, et qu'elles existent chez nos voisins ; il ajoute les motifs qui déterminèrent nos Rois à créer et à maintenir les jurandes et les maîtrises. Si on leur donna trop d'étendue, M. de Merey les restreint aux corps des marchands et des métiers qui en sont susceptibles. On discute encore dans ces deux opinions ce qui eut lieu en 1776, lorsque sur la proposition de M. Turgot les corporations furent supprimées, et lorsqu'elles furent rétablies à l'époque où il quitta le ministère.

Si nous avons vu les heureux effets de ces sortes d'institutions dans des temps où il étoit peut-être indispensable de les créer et de les maintenir, si on admiroit les réglemens de Colbert, « qui avoient protégé l'enfance de nos manufactures », en seroit-il de même de nos jours? c'est encore une bien grande question à traiter. J'ai souvent été témoin des discussions élevées, à ce sujet, par des hommes très-habiles et très-impartiaux, qui par goût, par devoir et par état, ont médité sur cette partie de l'économie publique; ils asssuroient que peut-être nous ne jouirions pas de beaucoup de genres d'industrie sans la grande liberté qui a été accordée aux hommes industrieux, et qui est le fruit de l'extension des connoissances humaines et des nouvelles découvertes chez les diverses nations. Dans ces discussions, ces citoyens estimables exprimoient leurs regrets, en voyant qu'une plus grande quantité de capitaux ne pussent pas être livrés à ces hommes industrieux, à cause du défaut de confiance.

Dans beaucoup de pays, des manufactures sont assujetties à des réglemens. En Angleterre, par exemple, les étoffes de laine ne peuvent pas être fabriquées, entièrement, en matières premières retirées de l'étranger ; on a pensé que l'intérêt national exigeoit que ces manufacturiers fussent obligés d'y employer une partie de laines du pays. Je ne sache pas qu'en France nous soyons jamais entrés dans ces détails ; nous avons laissé ces sortes de fabriques se diriger d'après *leur seul intérêt* : aussi possédons [nous des draps supérieurs en qualité à tout ce que font nos rivaux en ce genre. Je dirai, en passant, que malgré les fâcheux événemens qui nous sont arrivés, la laine de nos moutons s'améliore tous les jours, et nous ne devons pas douter que cette amélioration importante qui avoit commencé à s'effectuer sous le règne de Louis XVI, ne soit continuée sous le Gouvernement actuel.

Des réglemens pour nos fabriques de draps pourroient être avantageux, en déterminant d'une manière précise l'aunage des pièces et leur largeur, qui ne devroient jamais être factices, parce que si l'étranger, qui retire beaucoup de nos draps, étoit trompé, il s'adresseroit aux fabricans des nations qui leur montreroient beaucoup plus de bonnefoi.

J'ai toujours entendu dire que ce fut à la sagesse des réglemens de Colbert que nous dûmes la prépondérance que nous avions dans le Levant pour la vente des draps *Londrins*, que nous y avions introduits, et que nous étions parvenus à répandre dans presque toutes les échelles, à l'exclusion des draps de l'Angleterre ; débouchés que nous avons peut-être perdus à cause de l'infidélité de quelques fabricans, et qui, par ce moyen, ont pu nuire à ceux qui continuoient de fabriquer avec bonnefoi et d'après les anciens usages. Sous ces divers points de vue, les réglemens peuvent être considérés comme étant plus avantageux que nuisibles.

En revenant à l'écrit de monsieur de Merey, les armateurs, les fabricans, les agens de change seroient exempts de la maîtrise, et assujétis à acquitter annuellement un droit de patente ; tous les autres négocians, marchands et artisans seroient distribués en corporations analogues les unes aux autres, et ils obtiendroient une maîtrise moyennant les prix qui seroient déterminés. Il paroît que le capital qu'elles produiroient s'élèveroit à des sommes très-considérables, auxquelles M. de Merey désigne un emploi très-utile, puisqu'elles faciliteroient le paiement de l'arriéré. Je me servirai à ce sujet des mêmes observations que j'ai faites, page 109, relativement à l'achat de la patente proposé par M. Hennet, et je dirai qu'à cause de l'intérêt, ce capital devra représenter pour le commerce une somme beaucoup plus considérable que le montant annuel du droit de patente.

M. de Merey nous fait sentir « le danger des emprunts multipliés, qui, en facilitant les dépenses, ont grevé le trésor public d'une somme énorme d'intérêt annuel, tandis que ces dépenses auroient pu être facilement suppléées par des impositions temporaires. »

Nous venons de voir l'usage qu'on a fait de ces derniers moyens, et la génération présente a été ainsi accablée sous le poids d'un impôt insupportable, *pour faire*, à ce qu'on nous disoit, *le bonheur des générations futures*.

J'observerai que ce ne sont pas toujours les emprunts publics qui sont accablans, mais la mauvaise manière de les combiner. Chaque fois qu'un Gouvernement fait un emprunt, s'il ajoute, en même tems, des moyens pour payer des arrérages et pour éteindre le capital, on s'apperçoit alors très-peu de la dépense extraordinaire qu'a été obligé de faire l'Etat, tandis qu'il n'en est pas de même lorsqu'on impose.

Si par la diversité d'opinions, l'établissement des jurandes et maîtrises souffroit des difficultés, il n'en seroit pas de même, vraisemblablement, pour les charges qui tiennent à l'ordre judiciaire, du moins pour la très-majeure partie; on est témoin tous les jours que ces places se transportent à la volonté du titulaire. La signature du Prince qui donne le droit d'exercer telle ou telle fonction, est donc en pur profit pour celui qui en est possesseur, sans aucun avantage pour le trésor public; on est même généralement persuadé que les titulaires de ces places seroient satisfaits de les voir rétablir en titre d'office, ce qui seroit respectivement utile à eux et au trésor royal par les premiers fonds qu'ils verseroient, et par les droits qui seroient prélevés lors des mutations. Montesquieu nous dit « que la vénalité est bonne dans les Etats monarchiques, parce qu'elle fait faire comme un métier de famille ce qu'on ne voudroit pas entreprendre pour la vertu. »

Mais de quelque manière qu'on considère la liberté à laisser à l'industrie, en maintenant le droit annuel de patente, ou en rétablissant les jurandes et maîtrises moyennant une somme en principal qui seroit donnée, si ce dernier parti étoit adopté, il faudroit le faire avec beaucoup de prudence, et considérer plutôt l'intérêt général que celui du Trésor. Ne perdons point de vue que les esprits ont pris une autre direction que celle qu'ils avoient avant 1789, et que tout ce qu'on pourra faire relativement à ce qui forme l'objet de cette discussion, devra l'être avec la plus grande réserve et en ménageant tous les intérêts.

Au surplus, le travail de M. de Merey se recommande par l'intérêt qu'il inspire, par les renseignemens qu'il transmet, par la bonnefoi qui a présidé à sa rédaction, et par la manière dont il est écrit.

FIN.

www.ingramcontent.com/pod-product-compliance
Lightning Source LLC
LaVergne TN
LVHW012005180726
843502LV00005B/1556